JN092655

音声 ダウンロード

赤シート

英検®2級

厳選
過去問 **10日間完成**

毎日ミニ模試

トフルゼミナール講師 **山田広之** [監修]

テイエス企画

過去問を使った実戦的な演習をしたいけれど、同時に解き方のコツも整理しておきたい。本書は、そのような学習者に最適な1冊です。

試験対策として、ある程度の量の過去問にあたることは大切ですが、やみくもに問題を解き、答え合わせをすることの繰り返しだけでは合格への力はなかなかつきません。

本書では、まずは冒頭の「英検2級 早わかりガイド」で英検の概要を押さえ、次に過去問のエッセンスを抽出した例題で、全問題形式の解き方のコツを習得します。その上で、続く「ミニ模試」で、「早わかりガイド」で学んだ解き方に習熟していきます。「ミニ模試」は、1日の学習として適度な分量に各問題形式をバランス良く配分してありますので、1回分をこなすごとに一歩ずつ確実に合格に近づくことができます。

さらに、巻末には各DAYの読解問題で登場した頻出の英単語をまとめてありますので、問題をやりっぱなしにしないための効果的な復習ツールとして、また使い勝手の良い頻出英単語リストとして、試験本番までに繰り返し活用してください。

全10回の「ミニ模試」のうち、6回を筆記試験とリスニングに、3回を英作文に、1回を二次試験の対策に充てていますので、試験日までの期間に合わせ、優先的に取り組む回を選択していただくと良いでしょう。得意な分野をさらに得点源にするのも良いでしょうし、弱点を集中的に強化するのも良いと思います。

本書が、皆さんの目標達成の一助となることを願っています。

2021年3月　監修者 山田広之

目次	毎日ミニ模試 英検 2 級

英検 2 級 早わかりガイド

本書の構成と取り組み方

本書は、毎日短時間・短期間の学習で英検 2 級に合格する力をつけるために、以下の 5 つのセクションから構成されています。各セクションの取り組み方を良く理解した上で学習を進めてください。

1 英検 2 級 早わかりガイド
2 ミニ模試（筆記試験・リスニングテスト）
3 ミニ模試（英作文）
4 ミニ模試（二次試験）
5 英検 2 級 でる単語リスト 500

1 英検 2 級 早わかりガイド

英検とはどんな試験なのか？ 試験の全体像をとらえ、例題への取り組みを通して各設問形式について解き方のコツをつかみます。

■ 試験の概要

まずは、科目構成や問題数、解答時間、スコアと合否の判定方法について把握しておきましょう。

■ 例題と解き方のコツ

筆記試験、リスニングテスト、英作文、二次試験について、過去問から典型的な問題を取り上げています。解き方のコツを習得してください。

2 ミニ模試（筆記試験・リスニングテスト） DAY 1, DAY 2, DAY 4, DAY 5, DAY 7, DAY 8

「早わかりガイド」の例題でマスターした解き方に沿って、過去問演習で合格への実力を養成します。短時間でこなせるミニ模試方式ですので、試験日までの期間に合わせ、優先的に取り組む回を選択して自分に合った学習メニューを作ると良いでしょう。

■ 筆記試験・問題

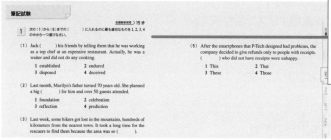

筆記試験の演習です。「目標解答時間」を設定してありますので、時間を計って取り組みましょう。

■ リスニングテスト・問題

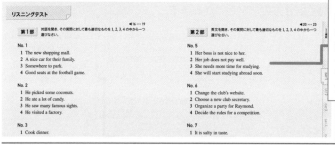

リスニングテストの演習です。解き終わって解説を確認したのち、スクリプトを参照して繰り返し音声を聞き込んでください。

■ 解答・解説

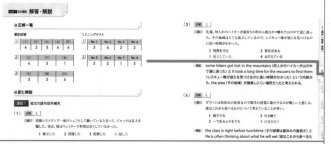

まずは「正解一覧」で答え合わせをします。合格に必要とされる正解率6割をめざしましょう。次に解説を確認し、「早わかりガイド」で学んだ解き方のコツを反復して自分のものとしてください。

3 ミニ模試（英作文） DAY 3, DAY 6, DAY 9

　英作文の勉強は一人ではやりにくいと言われますが、まずは一人でやれることを
しっかりやりきることが大切です。「書く」という観点から文法・語法を学び直し、
使える表現を増やし、答案の「型」を身につけましょう。そのためのトレーニングと
なっています。

■ 英作文・問題

自分なりの解答を
作ってみましょう。
信頼できる英語の
先生に添削指導が
受けられる場合は、
お願いすると良いで
しょう。答案作成方
法がわからない場
合は後回しにし、次
のトレーニングに進
んでも結構です。

■ 英作文上達トレーニング［トレーニング1］

英作文問題は、
・考えを書き出す
　↓
・構想を考える
　↓
・アウトライン化する
　↓
・解答を作成する
の流れで進めます。
この4つのStepに
従ってパターン通り
の解答を作ること
が高得点をとるヒケ
ツです。

■ 英作文上達トレーニング［トレーニング2］

自分で解答を作って
みたら、日本語から
英語の模範解答へ
の変換が素早くでき
るようになるまで練
習します。使われる
表現と構成を意識
しながら取り組んで
ください。

4 ミニ模試（二次試験） DAY 10

　二次試験は面接方式で、文章の音読の後に4つの質問に答えます。音読も質問に対する応答も、ネイティブによる模範的な解答例をよく聞いて真似することで、一人でも十分な練習が可能です。

■ 二次試験・問題

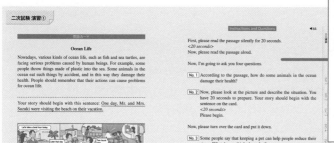

> 自分なりの解答を作ってみましょう。信頼できる英語の先生に面接指導が受けられる場合は、お願いすると良いでしょう。解答はスマートフォンのボイスメモ機能などを使って録音しておきましょう。

■ 解答例・音読練習／質疑応答の例

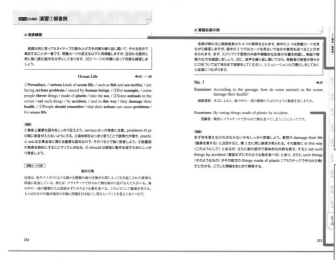

> 音読は英文の流れやリズムを意識しながら練習することが重要です。文の途中の区切りの位置と音の強弱を注意深く確認しながら、解答例の音声を繰り返し聞き、音読することが独学で上達するヒケツです。

> 質疑応答の例と解説を読んで、質問の内容と答え方を確認しましょう。次に音声を聞いて真似しながら解答例を音読しましょう。シミュレーションと口慣らしが本試験の準備になります。

5 英検®2級 でる単語リスト 500

　英語は、最後は単語力がものをいう、と言われます。単語集を使って一気に多く
の単語を覚えることも有益ですが、日頃の学習の中で出会った単語を確実に覚え
ていくことが最も大切です。このコーナーでは、ミニ模試の読解問題に登場した頻
出単語約 500 語を、各 DAY の各問題、各パラグラフごとにまとめてありますので、
総仕上げとして取り組んでください。

■ 英検 2 級 でる単語リスト 500

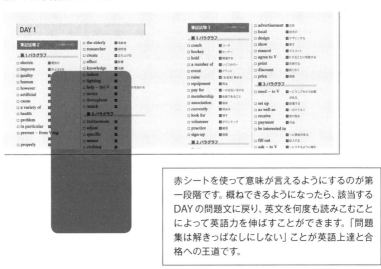

　赤シートを使って意味が言えるようにするのが第
一段階です。概ねできるようになったら、該当する
DAY の問題文に戻り、英文を何度も読みこむこと
によって英語力を伸ばすことができます。「問題
集は解きっぱなしにしない」ことが英語上達と合
格への王道です。

〈出典〉本書は以下の英検 2 級過去問題を使用して制作されています。
　　　　2018 年第 1 回、第 2 回、第 3 回、2019 年第 1 回

英検®は、公益財団法人 日本英語検定協会の登録商標です。
このコンテンツは、公益財団法人 日本英語検定協会の承認や推奨、その他の検討を受けたものではありません。

音声ダウンロードについて

　本書に掲載されている英文の音声が無料でダウンロードできますので、下記の手順にてご活用ください。

■ パソコンにダウンロードする

① パソコンからインターネットでダウンロード用サイトにアクセスする

　下記の URL を入力してサイトにアクセスしてください。

https://tofl.jp/books/2564

② 音声ファイルをダウンロードする
　サイトの説明に沿って音声ファイル（MP3 形式）をダウンロードしてください。

> ※スマートフォンにダウンロードして再生することはできませんのでご注意ください。

■ 音声を再生する

① 音声ファイルをパソコンの再生用ソフトに取り込む
　ダウンロードした音声を iTunes などの再生用ソフトに取り込んでください。

② 音声を再生する
　パソコン上で音声を再生する場合は、iTunes などの再生ソフトをお使いください。iPhone などのスマートフォンや携帯用の音楽プレーヤーで再生する場合は、各機器をパソコンに接続し、音声ファイルを転送してください。

> ※各機器の使用方法につきましては、各メーカーの説明書をご参照ください。

英検 2 級
早わかりガイド

英検って、どんな試験?

歴史ある試験

英検とは、公益財団法人 日本英語検定協会によって実施されている「実用英語技能検定」の略称です。1963 年から現在まで 50 年間以上も続く試験です。

細かなレベル分け

1 級から 5 級まで、準 1 級と準 2 級を含めて 7 つの級で実施されているので、自分にぴったりのレベルの試験を選んで受けることができます。

総合的な英語力の判定

英検は英語の Reading（読む）、Writing（書く）、Listening（聞く）、Speaking（話す）の 4 つの技能を総合的に評価します。このため、英検は質の高い語学力証明の資格として、国内外の教育機関や企業団体などで幅広く認められています。

試験のレベルと構成

2 級の英語力の目安は高校卒業程度です。審査基準によると「社会生活に必要な英語を理解し、また使用することができる」レベルが求められます。

試験は、筆記試験とリスニングテストで構成される一次試験と、二次試験の大きく 2 つに分けられます。詳細は次の通りです。

■ 一次試験＞筆記試験

	形式	問題数	解答時間
大問 1	短文の語句空所補充	20	
大問 2	長文の語句空所補充	6	
大問 3	長文の内容一致選択	12	85 分
大問 4	英作文	1	

■ 一次試験＞リスニングテスト

	形式	問題数	解答時間
第 1 部	会話の内容一致選択	15	
第 2 部	文の内容一致選択	15	約 25 分

■ 二次試験（個人面接）

形式	問題数	解答時間
音読	1	
パッセージについての質問	1	約7分
イラストについての質問	1	
受験者自身の意見を問う質問	2	

英検 CSE スコアに基づく合否判定方法について

　合否判定は「英検 CSE スコア」によって行われます。CSE とは Common Scale for English の略で、すべての級をまたいで英語力を判定する共通の尺度を意味します。CSE スコアは、素点をもとに統計的な手法を使って算出されます。そのため、回ごとに多少の難易度の違いが生じても、その影響を受けずに正確に英語力を測ることができるようになっています。

配点と合格基準スコア

　CSE スコアは各技能の満点と、一次試験、二次試験の合格基準スコアが級ごとに設定されています。素点は技能別に満点が異なりますが、CSE では全技能均等にスコアが割り振られます。2 級の素点と CSE スコアは以下の通りです。

試験形式	技能	満点（素点）	満点（CSE）	CSE 合格基準
一次試験（筆記 1〜3）	Reading	38	650	
一次試験（筆記 4）	Writing	16	650	1520
一次試験（リスニング）	Listening	30	650	
二次試験（面接）	Speaking	33	650	460

合格に必要な得点率

　上記の CSE 合格基準をクリアするためには、各技能ともに素点で 6 割以上の得点を目指すのが理想です。苦手な技能がある場合でも 4 割は確保するようにしましょう。それ以下ですと、1 点落とすごとに CSE スコアが落ちる率が高くなるためです。逆に満点に近いと 1 点取るごとに CSE スコアの上昇率は高くなりますので、得意な技能があれば積極的に 9 割以上を目指しましょう。

　CEFR とは Common European Framework of Reference for Languages の略で、語学のコミュニケーション能力のレベルを示す国際標準規格です。英検以外にも TOEFL (Test of English as a Foreign Language)、IELTS (International English Language Testing System)、TEAP (Test of English for Academic Purposes) などの英語検定試験がありますが、これらの試験を横断して英語力を示す指標として近年 CEFR が注目されています。英検 CSE スコアは、CEFR に合わせて 4 技能の上限をそれぞれ 1000 点に設定し、合計で 0 点から 4000 点のスコアに尺度化したものです。これにより、英検の受験者が CEFR の A1 からの C2 までの 6 つのレベルのどれに属すのか簡単に判定できるようになりました。英検とその他の英語検定試験と CEFR の対応関係は以下の通りです。

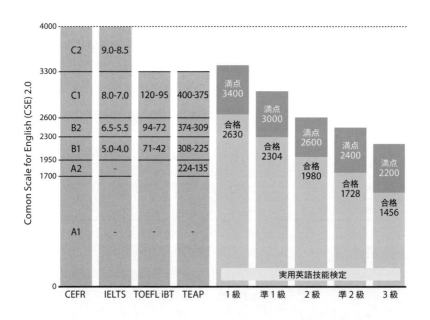

試験日程 各年度で3回実施され、それぞれ一次試験に合格した場合のみ二
次試験が受けられます。二次試験で不合格になって再度受験する
場合は、1年間一次試験が免除されます。

	一次試験	二次試験
第1回	6月	7月
第2回	10月	11月
第3回	1月	2月

※年度や受験会場などによって日程が変わりますので、詳細は公式サイトでご確認ください。

申し込み 個人での申し込みの場合、インターネット、コンビニエンスストア、
特約書店からの申し込みが可能です（2021年度の2級の検定料は
9,700円）。詳細は、日本英語検定協会のホームページに記載され
ています。

公式サイト 日本英語検定協会 **http://www.eiken.or.jp/**

問い合わせ先 英検サービスセンター **TEL：03-3266-8311**

平日 9:30 ～ 17:00
試験前日 9:30 ～ 17:30
試験当日 8:00 ～ 17:30

筆記試験 **1**
短文の語句空所補充

> 問題数 ▶ **20** 問
> 解答時間 ▶ **10** 分（1 問 30 秒）

　短い英文や対話文を読んで、空所に入る適切な語句を選ぶ問題です。単語を補う問題が 10 問で、その後に熟語を選ぶ問題が 7 問続き、最後に文法に関する問題が 3 問出題されます。

A｜単語問題

例題 | **2018 年度第 2 回**

The computer company studied its sales (　　　) to learn more about who was buying its products. It found that people in their 20s bought the most expensive computers.

1 compromises　　**2** statistics　　**3** terminals　　**4** religions

POINT 目的を示す表現に注目しよう！

　To 不定詞の目的用法や接続詞 so that などの「〜するために」という意味の表現に注目しましょう。そうするにはどうすればよいのかを考えると答えが見つかることが多いからです。to learn more about who was buying its products（誰が製品を買っているのかもっとよく知るために）とあるので、そのために study（調べる）という動作の対象として相応しいものを選択肢から探します。詳細な情報を含む 2 statistics（統計）が正解です。

正解 **2** | **訳** そのコンピューター会社は誰が製品を買っているのかもっとよく知るために販売統計を調べた。すると、20 代の人たちが最も高価なコンピューターを買っているとわかった。

1 妥協　　**2** 統計　　**3** 終点　　**4** 宗教

B　熟語問題

例題｜**2018 年度第 2 回**

Violet's father always stood (　　　) in a crowd, both because he was very tall and because he had bright red hair.

1 out　　**2** over　　**3** up　　**4** by

POINT　句動詞を積極的に覚えよう！

　動詞＋副詞や動詞＋前置詞で 1 つの動詞の働きをする語句のことを区動詞と言います。特に go、come、take、bring、have、do などの基本動詞と組み合わせたものがよく出題されます。2 つの because 節で示された very tall（とても背が高い）と bright red hair（明るい赤毛）という理由に相応しい結果を考えれば、1 out を入れて stood out（目立った）とするのが妥当です。もしも正解の区動詞に馴染みがない場合は、副詞や前置詞の元の意味から正解を絞り込みましょう。

正解　**1**　｜　**訳**　ヴァイオレットのお父さんはいつも人混みの中で目立っていた。それは、彼がとても背が高かったからでもあるし、髪の毛が明るい赤色だったためでもある。

　　　1 out　　**2** over　　**3** up　　**4** by

When the young businessman was asked (　　　) he became rich,
he answered that it was through hard work and nothing else.

1 what **2** who **3** when **4** how

POINT 文全体の意味をしっかり確認しよう！

　文法問題だからと言って、文法の知識だけで解けるわけではありません。単語
問題や熟語問題とも共通して、最初に文全体の意味内容を理解しようと努める
ことが重要です。この例題の文の主語は the young businessman（その若い
ビジネスマン）ですが、後半で彼が through hard work（懸命な努力によって）
だと答えたと書かれています。よって、質問の内容は he became rich（彼がお
金持ちになった）という状態になるための手段なのだと考えられますので、4
how が選べます。疑問代名詞（who、what、which など）の後には不完全文、
疑問副詞（when、where、how、why）の後には完全文が来ることも重要な判
断基準になるでしょう。

正解 4 ｜ 訳 　その若いビジネスマンはどのようにお金持ちになったのか尋ねられる
と、彼は懸命な努力によってであって他の何ものでもないと答えた。

　　1 何　　2 誰が　　3 いつ　　4 どのように

筆記試験 **2**
長文の語句空所補充

問題数 ▶ 長文 **2** 題 計 **6** 問

解答時間 ▶ **20** 分（1 問 3 分）

---

　250 語程度の英文を読んで、空所に入れるのに適切な語句を選ぶ問題です。本文が 3 パラグラフで構成され、それぞれのパラグラフに空所が 1 つずつあるのが標準的な形です。空所に入るのは動詞を含むフレーズや短い節などで、長い文全体が選択肢になることはありません。

例題 ｜ **2019 年度第 3 回（第 1 パラグラフ）**

Good Job

　　Nowadays, when you visit a successful company, you expect to see stylish, modern offices. Such companies often spend a lot of money on advertising and on creating a good public image. Their goals are to both impress customers and（1）. In fact, people who are looking for a job are much more likely to apply to a famous and successful company.

（1）　**1**　become more stylish
　　　2　gain more clients
　　　3　increase their profits
　　　4　attract new employees

POINT　空所の直後に注目しよう！

　英語の文章では、最初に大雑把なことを述べて、それからより詳しい説明を加えていくのが一般的です。ですから、空所に入る内容がその直後で具体的に説明されていることが多いと言えます。この例題では、空所の次の文で people who are looking for a job（仕事を探している人たち）が有名企業に応募した がると書かれているので、そうした企業の goals（目的）として 4 attract new employees（新しい従業員を呼び込む）が適合します。

（1）　正解　4

選択肢の訳　1　よりおしゃれになる
　　　　　　2　より多くの顧客を得る
　　　　　　3　利益を増大させる
　　　　　　4　新しい従業員を呼び込む

本文訳
良い仕事

　近頃は、成功している会社を訪問する際、きっとおしゃれで現代的な オフィスなのだろうと思うものだ。そのような会社は、多くの場合広告を 出したり世間に良い印象を与えたりすることに多くのお金をかけている。 彼らの目的は顧客を感心させることと新しい従業員を呼び込むことだ。 実際、仕事を探している人たちは有名で成功している会社に応募する傾 向がずっと強い。

筆記試験 3
長文の内容一致選択

問題数 ▶ 長文 **3** 題 計 **12** 問

解答時間 ▶ **30** 分 (1 問 2 〜 3 分)

　英文を読んで、その内容についての質問に答える問題です。挨拶などを除いて 3 パラグラフからなる 200 語程度の E メール文 1 つに続いて、4 パラグラフからなる 350 語程度の長さの 2 つの説明文が登場します。いずれも各パラグラフに関する問題が 1 問ずつ出題されますが、最後の説明文については全パラグラフに関わる問題が 1 問追加されます。

A　E メールの読解問題

例題 │ **2018 年度第 3 回 (第 1 パラグラフ)**

From: Maze Online Books <info@mazebooks.com>
To: Michael Smith <msmith22@gomail.com>
Date: January 27
Subject: Your recent purchase

Dear Mr. Smith,
Thank you for your recent order of *The Oldest Day* by Rachel Woodrow. We at Maze Online Books would like you to take a few minutes to write a review of the book online. In return, we're offering $2 off your next book order from our website. Simply log in to your Maze account, view "recent purchases," and click on the "review" link to the right of the book you purchased.
…
Sincerely,
The Maze Online Books Team

（1） Maze Online Books has emailed Mr. Smith
   1 to confirm his order of *The Oldest Day.*
   2 to ask him to review a book that he bought.
   3 because he needs help logging in to his account.
   4 because he was unhappy with his recent purchase.

POINT 重要な情報を探しながら読もう！

　メールのような通信文では、読み手に伝えたい内容がパラグラフごとにまとめられています。そうした文章は、書き手が伝えようとしている重要な情報を「見つける」感覚で読みましょう。このメールでは、送り主の書店員が客に対して to take a few minutes to write a review of the book online（オンラインで本のレビューを書く）ことを依頼しています。同じ内容の 2 to ask him to review a book that he bought（彼が購入した本のレビューを書くように頼むため）が正解です。

（1） <u>正解</u>　**2**

　<u>訳</u>　メイズ・オンライン・ブックスがスミスさんにメールを送ったのは、
　　1 彼の『古き日』の注文の確認をするためだ。
　　2 彼が購入した本のレビューを書くように頼むためだ。
　　3 彼が自分のアカウントにログインするのに助けが必要だからだ。
　　4 彼が最近の購入品に満足していなかったからだ。

　<u>本文訳</u>

> 送信者：メイズ・オンライン・ブックス <info@mazebooks.com>
> 宛先：マイケル・スミス <msmith22@gomail.com>
> 日付：1月27日
> 件名：最近の購入
> ---
> スミス様へ
> 先日はレイチェル・ウッドローの『古き日』のご注文をいただきありがとうございます。メイズ・オンライン・ブックス一同からのお願いでございますが、お時間を数分とっていただき、オンラインで本のレビューを書いていただければ幸いです。お礼として、次回私たちのウェブサイトからご注文の際に2ドル割引させていただきます。お客様のメイズ・アカウン

トにログインし、「最近のお買い物」をご覧いただき、ご購入された本の
右側の「レビュー」のリンクをクリックしていただくだけで結構です。
…

敬具

メイズ・オンライン・ブックス一同

B　説明文の読解問題

例題 | 2019 年度第 1 回（第 1 パラグラフ）

Counting Every Citizen

In recent decades, India has been experiencing very rapid economic growth. Yet, while the country as a whole has grown much wealthier, it still has more poor people than any other country in the world. It is difficult to say exactly how many poor people there are in India, but many experts agree that around a third of the population suffers from poverty. Although the Indian government has many programs designed to help these people, many people still do not receive the financial support they need. The national government believes one reason is that local officials sometimes steal this money.

（1）Nowadays in India,

1 a third of the population suffers from diseases that cannot be cured easily.

2 experts have become concerned about the increasing number of wealthy people.

3 the number of people living in poverty is still high despite economic progress.

4 local officials have started stealing money in order to help poor people in their area.

パラグラフの要旨をとらえよう!

　筆者が最も言いたいことは、一般的に各パラグラフの最初の2文の中に書かれていることが多いです。この例題の本文では、第1文で一般的に知られていることが述べられていますが、重要なのはむしろ Yet（しかし）で始まる第2文の内容です。国全体は豊かになったのに、it still has more poor people than any other country in the world（世界の他のどの国よりも貧しい人の数が多い）とありますので、この内容を簡潔にまとめた3が正解です。第3文以降には、このことの理由が説明されています。

（1）　正解　3

選択肢の訳　今日インドでは

1 人口の3分の1が簡単には治らない病気に苦しんでいる

2 専門家たちは裕福な人たちが増えていることを心配している。

3 経済が良くなってきているにもかかわらず、貧しい暮らしをしている人が多い。

4 地元の役人たちが地域の貧しい人を助けるためにお金を盗み始めている。

本文訳
全ての市民を数える

　ここ数十年でインドはとても急速な経済発展を経験している。しかし、国全体がずっと裕福になった一方で、今でも世界の他のどの国よりも貧しい人の数が多い。何人の貧しい人たちがインドにいるのか正確に言うことは難しい。しかし、多くの専門家は人口の約3分の1が貧困に苦しんでいるということで意見が一致している。インド政府にはこうした人々を支援することを目的としたいろいろなプログラムがあるが、多くの人は自分たちが必要とする経済的な援助をまだ受けていない。国の政府は地元の役人たちが時々この金を盗んでいるのが1つの理由だと考えている。

早わかり 筆記試験 4 英作文

問題数 ▶ 1 問
解答時間 ▶ 20 分

　指定されたトピックについて自分の意見を英語で述べる問題です。時事的な問題がトピックとしてよく取り上げられます。筆記試験の一部として出題されるので解答時間は受験者が自分で決めることになります。ですが、現実的には大問 1 ～ 3 を 65 分で解き終えてから残りの 20 分間で集中して取り組むのが理想的な時間配分でしょう。

例題 | 2018 年度第 1 回

- 以下のTOPICについて、あなたの意見とその理由を2つ書きなさい。
- POINTSは理由を書く際の参考となる観点を示したものです。ただし、これら以外の観点から理由を書いてもかまいません。
- 語数の目安は80語～100語です。
- 解答がTOPICに示された問いの答えになっていない場合や、TOPICからずれていると判断された場合は、0点と採点されることがあります。TOPICの内容をよく読んでから答えてください。

TOPIC
Some people say that too much water is wasted in Japan. Do you agree with this opinion?

POINTS
- *Daily habits*
- *Technology*
- *The environment*

英作文の採点基準

英作文は筆記試験の一部として出題されますが、Reading や Listening の技能を試す問題のように選択式ではなく記述式です。高得点をねらうためにも、まずは採点基準を確認しておきましょう。

採点基準	採点のねらい	配点
内容	課題で求められている内容が含まれているか	4点
構成	英文の構成や流れがわかりやすく論理的であるか	4点
語い	課題に相応しい語いを正しく使えているか	4点
文法	文構造のバリエーションやそれらを正しく使えているか	4点

内容 与えられたトピックについて書くことが求められます。トピックとして示される質問にはっきりわかりやすく答えていないと減点の対象になります。トピックからそれずに解答するには、実際に書き始める前に自分の立場を決めて下書きを作ることが重要です。例題と 3 回のミニ模試演習では、自分の考えを書き出しながら内容を練る訓練をしていきます。

構成 与えられたトピックについてある程度のまとまった分量の文章を書くにあたって、構成が重要になります。1 級と準 1 級で指定されている次の 3 部構成で書くのがよいでしょう。

> 1 **Introduction**（導入）
> 2 **Body**（本論）
> 3 **Conclusion**（結論）

2 級英作文では文章構成について指定がありませんが、この定型の構成に当てはめれば、内容的に過不足なく読む人にわかりやすい文章が簡単に書けます。この本では、4 つの Step で 3 部構成の解答を作成する方法を示していきますので、例にならって自分のオリジナルの解答を作成する練習をしましょう。

語い　単に課題に答えるだけでなく、多様な語いを使いこなす力も採点対象になります。無理に難しい単語や熟語を使う必要はありませんが、自分の考えを述べるのに必要な表現のストックを普段から増やしておきましょう。また、同じ表現の繰り返しを避けて別な表現で言い換えられると、柔軟な語い力をアピールできるでしょう。

文法　名詞の複数形や動詞の三単現の s を抜かす、動詞の過去形を間違える、といった初歩的なミスが多いと、文章が読みにくくなります。文法力で高評価を得るために極力こうしたミスを減らすようにしましょう。また、SVO や SVC だけの短い文ばかりを羅列するだけだと文法力をアピールできません。時には接続詞を使って 2 つの文をつなげたり、文の最初や最後に「前置詞＋名詞」の前置詞句を入れたりして、文の構造に変化を持たせましょう。

　この本では『英作文上達トレーニング』を通じて「内容」と「構成」の点で評価される解答を作成していきます。「語い」と「文法」については次の3つのコーナーで対策します。

▶ **英作文・二次試験で使える 頻出分野別表現リスト**
（→ 040、060、122、184、248）
英作文と二次試験の両方で出題されやすい分野ごとに重要な表現をまとめました。何度も繰り返し学習して「語い」での高評価を目指しましょう。

▶ **英作文・二次試験共通 文法間違い探しトレーニング**
（→ 038-039、120-121、182-183、246-247）
英作文と二次試験でよくある文法の間違いを探します。自分でミスを発見できる力を強化して「文法」で減点されない解答を作りましょう。

▶ **英作文・二次試験で使える 重要表現集**
（→ 041、108、210、266）
「語い」の力をアピールするだけでなく、英文の「構成」をはっきり示すためにも役立つ表現です。しっかり覚えましょう。

　それでは、次のページから解答例の作り方を見ていきます。

英作文に取り組む手順

英作文は、いきなり書き始めてはいけません。日本語の作文と一緒で、読み手に評価してもらうには、内容と構成についてメモを書きながら考えをまとめることが重要です。次の 4 つの Step で取り組みましょう。

Step 1 | アイディアを書き出す (1分)

まず、トピックに関する 3 つの POINTS について思い浮かんだことを日本語で書いてみましょう。書きやすい順番で構いません。

> **POINTS**
>
> - *Daily habits* 毎日の習慣
>   無駄に水道水を流している ― 手洗い、皿洗い、歯磨き、トイレ
>
> - *Technology* テクノロジー
>   精密機械を作る時に大量の水を使う
>
> - *The environment* 環境
>   雨水を十分に利用できていない、日本では伝統的に水は無料でいつもあると思っている

Step 2 | 構想を考える (1分)

Step 1 で書き出したアイディアを Introduction・Body・Conclusion (導入・本論・結論) の 3 部構成に当てはめてみましょう。こうすることで文章の流れが自然にできてきます。この段階ではまだ日本語で結構です。

> **導入**
>
> ☑ 同意する　□ 同意しない
>
> 日本人は水を毎日無駄にしている。
>
> 2 つの理由がある。
>
> **本論**
>
> 理由 1　何をするにも使いすぎる。皿洗い、手洗い、歯磨き
>
> 理由 2　使いすぎる理由 → 昔から水は無料だと思っている
> 　　　　＝水の貴重さがわかっていない
>
> **結論**
>
> 水の大切さをわかっていない日本人は、昔から水を使いすぎる。

Step 3 | 英語でアウトラインを作る（3 分）

Step 2 に肉付けして英語でアウトラインを作ります。実際に書くそれぞれの文の内容について英語で書いてみましょう。この本では、Introduction は 3 文、Body は 4 文（2 つの理由について 2 文ずつ）、Conclusion は 1 文という決められたパターンで解答を作成します。解答になる一歩手前の段階ですので、不完全な文で構いません。

Introduction

① I (agree / disagree) with the opinion.

② people waste water every day

③ I have two reasons for this claim.

Body

　　Reason 1: ① people use too much water doing anything

　　　　　　　② for example, washing dishes or hands, brushing teeth

　　Reason 2: ① people think water is free

　　　　　　　② × know how precious water is

Conclusion

In conclusion, ① × know importance of water → waste too much water

Step 4 | 解答を仕上げる（15 分）

Step 3 のアウトラインにもとづいて、1 つ 1 つの文を完成させましょう。目安となる長さは 80 語から 100 語ですので、パラグラフ分けをする必要はありません。しかし、First（第 1 に）や Second（第 2 に）、In addition（さらに）などのつなぎの表現を文頭に入れて、内容的な展開がわかるようにしましょう。必ず 2-3 分前には書き終えて、最後にスペルや文法のミスがないかどうか確認しましょう。

解答例

I agree with the opinion. The Japanese people waste a lot of water every day. I have two reasons for this claim. First, they usually use too much water whatever they do. For example, they often wash the dishes or brush the teeth with water running even when they actually don't need it. Second, traditionally, thanks to the natural environment, they have taken it for granted that water is free. Thus, they don't know how precious water actually is. In conclusion, because they don't know the importance of water, the Japanese people waste too much water in everyday life.

(99 words)

それでは次のページから実際に以上の手順で解答を作成してみましょう。

■ トレーニング 1

いきなり英語で書き始めようとしても行き詰まってしまいます。4 つの Step で着実に解答を作成していきましょう。高評価される解答にするには、問題の指示を確認しながら内容について考え、決まったパターンの英文を書くのが鉄則です。

Step 1 アイディアを書き出す

まず、ポイントごとに思いつくアイディアを書き出してみましょう。

トピックの訳 日本ではあまりにもたくさんの水が無駄に使われていると言う人たちがいる。あなたはこの意見に同意するか。

POINTS

- *Daily habits* 毎日の習慣

  _____

- *Technology* テクノロジー

  _____

- *The environment* 環境

  _____

Step 1 の記入例

POINTS

- *Daily habits* 毎日の習慣
  無駄に水道水を流している — 手洗い、皿洗い、歯磨き、トイレ

- *Technology* テクノロジー
  精密機械を作る時に大量の水を使う

- *The environment* 環境
  雨水を十分に利用できていない、日本では伝統的に水は無料でいつもあると思っている

Step 2　構想を考える

　まず、Step 1 で書き出したアイディアをもとに自分の立場を決めてから、その理由としてふさわしいアイディアを 2 つ選んでください。その上で、下の 4 つの下線部に内容を具体的に記していきましょう。こうすることで解答の Introduction・Body・Conclusion（導入・本論・結論）の 3 部構成の形が出来上がります。

導入

□ 同意する　□ 同意しない

_____

2 つの理由がある。

本論

理由 1 _____

理由 2 _____

結論

_____

Step 2 の記入例

導入

☑ 同意する　□ 同意しない

日本人は水を毎日無駄にしている。

2 つの理由がある。

本論

理由 1　何をするにも使いすぎる。皿洗い、手洗い、歯磨き

理由 2　使いすぎる理由 → 昔から水は無料だと思っている

　　　　＝水の貴重さがわかっていない

結論

水の大切さをわかっていない日本人は、昔から水を使いすぎる。

英語でアウトラインを作る

Step 2 の日本語の構想をもとに、英語で各文の内容を簡条書きにしましょう。

Introduction

① I (agree / disagree) with the opinion.

② _____

③ I have two reasons for this claim.

Body

    Reason 1: ① _____

           ② _____

    Reason 2: ① _____

           ② _____

Conclusion

In conclusion, ① _____

Step 3 の記入例

Introduction

① I (ⓐgree / disagree) with the opinion.

② people waste water every day

③ I have two reasons for this claim.

Body

    Reason 1: ① people use too much water doing anything

           ② for example, washing dishes or hands, brushing teeth

    Reason 2: ① people think water is free

           ② × know how precious water is

Conclusion

In conclusion, ① × know importance of water → waste too much water

Step 4　解答を仕上げる

Step 3 で箇条書きだった内容を完全な英語の文にして解答を作成しましょう。

解答

_____

_____

_____

_____

_____

_____

_____

_____

Step 4 の記入例

解答例

I agree with the opinion. The Japanese people waste a lot of water every day. I have two reasons for this claim. First, they usually use too much water whatever they do. For example, they often wash the dishes or brush the teeth with water running even when they actually don't need it. Second, traditionally, thanks to the natural environment, they have taken it for granted that water is free. Thus, they don't know how precious water actually is. In conclusion, because they don't know the importance of water, the Japanese people waste too much water in everyday life.

(99 words)

解答例訳　私はその意見に同意する。日本人は毎日たくさんの水を浪費している。この主張には2つの理由がある。第1に、彼らは何をするにしても水を使いすぎる。例えば、彼らは実際には必要でない時でさえも、水を流しながら皿を洗ったり、歯を磨いたりする。第2に、伝統的に、自然環境のおかげで、彼らは水が無料であることを当然と考えている。それゆえ、彼らは水が実際にどれほど貴重かわかっていない。結論として、日本人は水の重要性がわからないので、日常生活で水を使いすぎる。

　前コーナーでは、段階的に英作文の解答を作成しました。ここでは Step 4 の解答例を使って和文英訳にチャレンジします。左ページの日本語文を見た瞬間に右ページの解答例の英文が書けるようになるまで何度も練習しましょう。文章を展開していく上でのヒントと表現の要点も挙げられていますので、参考にしてください。

導入

1 私はその意見に同意する。

2 日本人は毎日たくさんの水を浪費している。

3 この主張には 2 つの理由がある。

理由 1

1 第 1 に、彼らは何をするにしても水を使いすぎる。

1 I agree with the opinion.

　構成　まず意見に賛成（agree）か不賛成（disagree）かをはっきり述べる。

　表現　agree と disagree には前置詞 with を忘れずにつける。

2 The Japanese people waste a lot of water every day.

　構成　自分の言葉で主張する。

　表現　シンプルな文章で簡潔にわかりやすく述べる。

3 I have two reasons for this claim.

　構成　理由を導入する文を書く。

　表現　reason for 〜「〜の理由」。前置詞は for を用いる。

1 First, they usually use too much water whatever they do.

　構成　細かいことを言う前に端的に理由を述べる。

　表現　whatever S ＋ V「S が何を V しても…」

2 例えば、彼らは実際には必要でない時でさえも、水を流しながら皿を洗ったり、歯を磨いたりする。

理由2

1 第2に、伝統的に、自然環境のおかげで彼らは水が無料であることを当然と考えている。

2 それゆえ、彼らは水が実際にどれほど貴重かわかっていない。

結論

1 結論として、日本人は水の重要性がわからないので、日常生活で水を使いすぎる。

2 For example, they often wash the dishes or brush the teeth with water running even when they actually don't need it.

構成　前文を受けて具体例を挙げる。

表現　with water running の with は付帯状況を表す。with A B「A が B の状態で」。

1 Second, traditionally thanks to the natural environment, they have taken it for granted that water is free.

構成　2 つ目の理由をまず 1 文で述べる。

表現　take it for granted that S ＋ V「S ＋ V を当然と思う」。thanks to ～「～のおかげで」

2 Thus, they don't know how precious water actually is.

構成　前文の内容をさらに進めて説明する。

表現　how ～「どれほど～か」。how precious water actually is 全体が know の目的語になっている。

1 In conclusion, because they don't know the importance of water, the Japanese people waste too much water in everyday life.

構成　2 つの理由を踏まえて結論を簡潔に書く。the importance of water が 2 つ目の理由を、too much water が 1 つ目の理由を指す。

表現　「どれほど水が大切か」を importance という名詞を使うことで、the importance of water「水の重要性」と簡潔に表現する。

文法間違い探しトレーニング 1
[数と一致]

文法の間違いやすいポイントを確認していきます。すべて中学高校英文法の基礎レベルなので、試験本番でミスを減らすためにしっかり取り組みましょう。

主語と動詞

1 The number of students were small.
   生徒の数が少なかった。

2 Working irregular hours are part and parcel of being a journalist.
   不規則な時間帯に働くことは記者にはつきものである。

代名詞の選択

3 Salaries in New York are higher than that in my country.
   ニューヨークでの給与は私の国の給与よりも高い。

4 Neither of these three pens worked.
   これらの 3 本のペンはどれも使えませんでした。

可算名詞と不可算名詞

5 Can I give you an advice?
   あなたにアドバイスをしましょうか。

6 The former owner left behind several furnitures in the cabin.
   元所有者は小屋の中に数点の家具を残していきました。

名詞の数

7 It's a bad manner to eat with your mouth open.
   口を開けて食べるのは行儀がよくないです。

8 You have to clean your tooth thoroughly morning and night.
   朝晩、よく歯を磨く必要があります。

数量詞

9 There were many people at the school's annual reunion.
   毎年恒例の学校の同窓会にはたくさんの人がきていました。

10 Lately, less people smoke than before.
   かつてと比べて最近は喫煙者がより少なくなってきている。

1 **正解** The number of students was small.
　　解説 主語は The number なので動詞も単数形にする

2 **正解** Working irregular hours is part and parcel of being a journalist.
　　解説 主語は動名詞句 Working irregular hours であり、動名詞は単数扱い

3 **正解** Salaries in New York are higher than those in my country.
　　解説 複数形 Salaries の代わりに使うのは複数形の代名詞 those

4 **正解** None of these three pens worked.
　　解説 3 つ以上の名詞には none、2 つの名詞には neither を使う

5 **正解** Can I give you a piece of advice?
　　解説 advice は不可算名詞なので、数えるときには piece(s) of を使う

6 **正解** The former owner left behind several pieces of furniture in the cabin.
　　解説 furniture も不可算名詞なので、数えるときには piece(s) of を使う

7 **正解** It's bad manners to eat with your mouth open.
　　解説 manner は単数形では「やり方」、複数形では「行儀」の意味

8 **正解** You have to clean your teeth thoroughly morning and night.
　　解説 磨くのは 1 本の歯ではないので複数形の teeth にする

9 **正解** There were a lot of people at the school's annual reunion.
　　解説 many は主に疑問文や否定文で用い、肯定文では a lot of を使う

10 **正解** Lately, fewer people smoke than before.
　　解説 less ＋不可算名詞、fewer ＋可算名詞

頻出分野別表現リスト1
[教育]

英作文と二次試験でよく取り上げられる重要な表現を分野ごとにまとめました。
一部の分野ではその長所と短所のどちらを表す表現なのかを明示しています。

英語学習 *Learning English*

☐ 国内市場の縮小	a contraction of the domestic market
☐ 英語を話すことが必須だ	It is mandatory to speak English.
☐ 国際学部	Faculty of International Studies
☐ 膨大な情報にアクセスする	access huge amounts of information
☐ 高度な翻訳ソフト	advanced translators

留学 *Studying Abroad*

☐ 有意義な海外経験 [長所]	meaningful overseas experiences
☐ 実践的な英語力を獲得する [長所]	gain practical English skills
☐ 就職に有利だ [長所]	be beneficial to job hunting
☐ 高額になることがある [短所]	can cost a lot of money
☐ 世間知らずは危険だ [短所]	It is risky to be naive about the world.

オンライン学習 *Online Education*

☐ 比較的割安 [長所]	relatively inexpensive
☐ いつでも生徒が受講できる [長所]	be accessible to students anytime
☐ 講義動画を何回も見る [長所]	replay the lecture video many times
☐ モチベーションを維持できない [短所]	cannot maintain your motivation
☐ パソコンがない家庭 [短所]	households without any computer

早期教育 *Early Childhood Education*

☐ たくさんの単語が容易に覚えられる [長所]	can pick up many words easily
☐ 他の生徒より優位に立つ [長所]	have the edge over other students
☐ 多くのストレスを受ける [短所]	be under a lot of stress
☐ 勉強嫌いになる傾向がある [短所]	tend to dislike studying
☐ 異なる価値観を否定する [短所]	deny a different set of values

重要表現集 1
[意見を述べる]

英作文でも二次試験でも自分の考えを明確に示すことが重要です。以下の表現を使ってしっかり意見を述べられるようにしておきましょう。

意見を述べる

□ 個人的な意見としては…だと思う	Personally speaking, I think ...
□ 私に言わせれば	in my personal opinion
□ …というのが持論だ	I am of the opinion that ...
□ 私の意見は…というものだ	It is my opinion that ...

賛成・反対を表明する

□ 私なら…という意見に同意する	I would share the same view that ...
□ …という理由で同意見ではない	I don't share the same view because ...
□ …ということには賛成できない	I do not agree that ...
□ …という考えには全面的に賛成だ	I agree entirely with the idea that ...

一般的な意見を示す

□ 一般論としては…だと考える	Generally speaking, I think ...
□ …ということはよく言われている	It is often said that ...
□ 今日においては	in this day and age
□ …について意見が分かれる	People are divided on ...

譲歩する

□ …を否定することはできない	There's no denying that ...
□ 確かに〜だが、しかし…	It is true that 〜 , but ...
□ 確かに〜だが、しかし…	Indeed 〜 , but ...
□ 確かに〜だが、しかし…	Granted, 〜 , but ...

確信を表す

□ …なのは間違いない	Undoubtedly, ...
□ …ということは確実だ	Certainly, it is true that ...
□ 言うまでもなく	without question
□ …ということは間違いない	I feel absolutely sure that ...

リスニングテスト 第1部
会話の内容一致選択

問題数 ▶ **15** 問

解答時間 ▶ **1** 問 **10** 秒

　会話を聞いてその内容についての質問に答える問題です。2人の人物による2往復程度の対話を聞きますが、家族や友人同士、あるいは店員と客などの間で交わされるやり取りが中心です。それぞれについて問題が1問ずつ出題されます。

例題 | 2018 年度第 1 回　　◀ 01

1 Red wine is her favorite.
2 Her friend does not like French wine.
3 She drank a lot of wine in France.
4 She does not want to spend too much money.

■ スクリプト

W: Excuse me, sir. I'd like to buy a bottle of red wine for my friend's birthday, but I don't know much about wine. Red is her favorite, though.

M: Well, these over here are red wines from France. They're quite popular with our customers.

W: Hmm. Those are a little too expensive for me. Do you have anything cheaper?

M: Sure. Let me show you some wines that are on sale.

Question: What is one thing the woman says?

POINT 選択肢中の言い換え表現を探そう！

お店での客と店員の会話です。客の女性は a bottle of red wine for my friend's birthday（友だちの誕生日用の赤ワインのボトル）を探していますが、2番目の発話で店員から薦められた赤ワインに対して Those are a little too expensive for me（少し高すぎますね）と述べています。anything cheaper（もう少し安いもの）があるかと尋ねていることからも、内容的に一致するのは 4 She does not want to spend too much money（彼女はお金をあまりたくさん使いたくない）です。正解の選択肢が女性の発言を言い換えていることに注目しましょう。一方、Red is her favorite（赤ワインが彼女のお気に入りです）という女性の発言に似た選択肢1は her favorite（彼女の好み）が間違いで、正しくは her friend's favorite（彼女の友だちの好み）でなくてはいけません。聞き取ったままの表現につられずに話し手が伝えようとしている内容を検討するようにしましょう。

正解　4

選択肢の訳
1 赤ワインが彼女のお気に入りである。
2 彼女の友だちはフランス産のワインが好きではない。
3 彼女はフランスでたくさんワインを飲んだ。
4 彼女はお金をあまりたくさん使いたくない。

スクリプトの訳
女性：すみません。友だちの誕生日用の赤ワインのボトルを買いたいのですが、あいにく私はワインについてあまり詳しくないのです。赤ワインが彼女のお気に入りなのですが。
男性：そうですね、この辺りにあるのがフランス産の赤ワインです。お客様にとても人気があります。
女性：うーん。少し高すぎますね。もう少し安いのはありますか。
男性：もちろんです。セール中のワインをご案内しましょう。
質問：女性が言っていることは何か。

リスニングテスト 第2部
文の内容一致選択

問題数 ▶ **15** 問

解答時間 ▶ **1** 問 **10** 秒

　説明文を聞いて、その内容についての質問に答える問題です。放送は30秒程度の長さで、架空の人物についての物語文が半分程度を占め、残りはアナウンスや学問的な内容の説明文です。それぞれについて問題が1問ずつ出題されます。

例題 | **2018年度第2回**　　　　　　　　　　◀02

1 Baby crocodiles fell asleep more easily.
2 Baby crocodiles came out of their eggs.
3 Mother crocodiles quickly ran away.
4 Mother crocodiles attacked the scientists.

■ スクリプト

Baby crocodiles make a certain sound before they come out of their eggs. To find out why they make this sound, some scientists recorded it. Then, they played it back near some crocodile eggs. When the babies heard the sound, they all came out of their eggs at around the same time. The scientists think that the crocodiles make the sound to tell their mothers that they are ready to come out.

Question: What happened when scientists played a certain sound?

> **POINT** 質問までしっかり聞こう！

　説明文に関して詳細な内容が問われる傾向にありますが、質問は問題用紙には印刷されません。その代わり、説明文の後に Question として読み上げられますので、放送を最後まで集中して聞き取ることが重要です。この例題では、when scientists played a certain sound（科学者たちが音を立てた時）にどうなったかが問われています。説明文のトピックは Baby crocodiles（ワニの赤ちゃん）が出す a certain sound（ある特定の音）ですが、科学者について some scientists recorded it（一部の科学者たちはその音を録音した）と they played it back near some crocodile eggs（彼らはいくつかのワニの卵のそばでそれを再生した）と述べられています。その結果として、ワニの赤ちゃんについて they all came out of their eggs at around the same time（ほぼ同時に卵から出てきた）ということですから、同じ内容の2が正解です。

正解　2

選択肢の訳　1　ワニの赤ちゃんたちが眠りに落ちやすくなった。
2　ワニの赤ちゃんたちが卵から出てきた。
3　母親ワニがすぐに逃げ出した。
4　母親ワニが科学者たちを攻撃した。

スクリプトの訳
ワニの赤ちゃんは卵から出てくる前にある特定の音を立てる。なぜこうした音を立てるのかを調べるために、一部の科学者たちはその音を録音した。それから、いくつかのワニの卵のそばでそれを再生した。ワニの赤ちゃんたちは、その音を聞くとほぼ同時に卵から出てきた。出てくる準備ができたことを母親に知らせるためにワニたちはこの音を立てるのだと科学者たちは考えている。
質問：科学者たちがある特定の音を再生した時に何が起こったか。

二次試験
英語での面接

> 問題数 ▶ 音読 **1** 問と質疑応答 **4** 問
>
> 解答時間 ▶ 約 **7** 分

　「問題カード」に書かれた英文を音読します。その後に、面接委員からの4つの質問に答えます。最初の2問は「問題カード」の英文とイラストに関するもので、英文の内容の理解と身近な状況を説明する能力が問われます。残りの2問では、社会的な問題について自分の意見を述べることが求められます。

例題 | **2018 年度第 1 回 A 日程**

問題カード

Online Banking

Nowadays, people can access their bank accounts over the Internet anytime. This is very convenient, but it can also lead to Internet crime. Banks want to protect their customers from this, so they are introducing new security software for online banking. People should also remember to change their passwords frequently. It is important for people to protect themselves when using the Internet.

Your story should begin with this sentence: <u>One day, Mr. and Mrs. Kato were checking travel websites.</u>

First, please read the passage silently for 20 seconds.
<20 seconds>
Now, please read the passage aloud.

Now, I'm going to ask you four questions.

No. 1 According to the passage, why are banks introducing new security software for online banking?

No. 2 Now, please look at the picture and describe the situation. You have 20 seconds to prepare. Your story should begin with the sentence on the card.
<20 seconds>
Please begin.

Now, please turn over the card and put it down.

No. 3 Some people say that people trust information on the Internet too easily. What do you think about that?

No. 4 These days, organic vegetables are becoming popular. Do you think more people will buy organic vegetables in the future?
Yes. → Why?
No. → Why not?

二次試験の流れ

　面接は1人ずつ面接室で行われます。面接委員は1人だけで、日本人の場合もありますが、全て英語でやり取りしなくてはいけません。写真撮影や録音に加え、メモを取ることもできません。

入室	係員の指示で面接室に入り、面接委員に面接カードを手渡します

Can I have your card, please?

Yes, here you are.

挨拶	面接委員から氏名と受験する級を確認されたら、簡単な挨拶をします

This is the Grade 2 test. OK?

OK.

How are you, today?

I'm fine. Thank you.

音読	面接委員から文章とイラストが印刷された問題カードを受け取り、指示に従って問題カードに印刷されたパッセージを音読します

Now, please read the passage aloud.

All right.

質疑応答	面接委員からの 4 つの質問に答えます

Now, I'm going to ask you four questions.

Yes.

退室	面接委員に問題カードを返却して退出します

All right. This is the end of the test. Could I have the card back, please?

Here you are.

二次試験の評価対象と配点

　音読と４つの質問に答えることが課せられますが、それ以外に全体を通して面接委員とのやりとりをする際の意欲や態度も評価の対象になります。配点は以下の通りです。

評価対象	採点のねらい	配点	
音読	英文の内容がきちんと伝わるように、個々の単語の発音や意味の区切りなどに注意して読むことが求められます	5点	
質疑応答	与えられた情報を理解した上で、適切な表現を使って答えることや自分の考えを論理的に述べることが求められます	No. 1	5点
		No. 2	10点
		No. 3	5点
		No. 4	5点
アティチュード	積極的にコミュニケーションを図ろうとする態度が求められます	3点	

音読　「問題カード」を受け取ると、First, please read the passage silently for 20 seconds. (最初に、パッセージを 20 秒間黙読してください) と指示されます。20 秒後に Now, please read the passage aloud. (それでは、パッセージを音読してください) という指示が出たら音読を始めます。無理やり速く読む必要はありませんので、長い文では途中で一呼吸置きながら落ち着いて読み上げましょう。はっきりと滑らかに発音することが重要です。

質疑応答　音読の後、次の４つの質問に答えます。

No. 1	「問題カード」のパッセージの内容についての質問
No. 2	「問題カード」の3コマのイラストの展開についての質問
No. 3	カードのトピックに関連した内容についての質問
No. 4	日常生活の一般的な事柄に関する質問

質問に Yes か No で答えるだけでなく、具体例や説明を補うことも求められます。また、発音、語いや文法の正確さも評価の対象になります。次の3つのコーナーで語いと文法の強化に取り組んでください。

▶ **英作文・二次試験で使える 頻出分野別表現リスト**
(→ 040、060、122、184、248)

▶ **英作文・二次試験共通 文法間違い探しトレーニング**
(→ 038-039、120-121、182-183、246-247)

▶ **英作文・二次試験で使える 重要表現集**
(→ 041、108、210、266)

アティチュード

面接に取り組む態度が1:普通、2:よい、3:とてもよい、の3段階で評価されます。与えられた課題とは別に採点されますので、ボーナスポイントととらえて良いでしょう。

ここで面接委員から高い評価を得るために、まずアイコンタクトを徹底しましょう。話を聞こうとしているのだ、ということを態度で示すことが重要です。また、面接委員の発言に対して、できるだけ返事をしましょう。「〜してください」と指示が出たら、All right.（わかりました）や Yes.（はい）などと述べてしっかり反応することで印象が良くなります。万が一面接委員の発言の内容がわからなければ、その場で聞き返しましょう。繰り返し聞き返すと減点の対象になることもありますが、わからないまま黙っていては採点されません。

面接室に入ってから音読をするまでに、自分の名前を名乗ったり簡単な挨拶をしたりする機会がありますので、この時に十分なウォーミングアップをしておきましょう。音読と質疑応答で大きな声でしっかりと話すように心掛ければ、必ず2点は獲得できるでしょう。

音読のコツ

　英文を音読するとき、個々の単語の発音が気になって一語一語区切ってしまい、たどたどしくなっていませんか。ネイティブのように滑らかに英文を読み上げるには、単語の発音よりもむしろ英文の流れやリズムを意識することが大事です。英文の流れは、単語同士をつなげてかたまりにし、適切な位置で一呼吸入れることで明確になります。また、英語のリズムは単語ごとに発音の強弱をつけることで生まれます。次に挙げるルールと手順に従って練習し、5点獲得を目指しましょう。

1 適切な位置で区切ろう

　文の数は多くありませんが、各文は10語以上の長さなので、一気に読み上げるのは難しいでしょう。文構造を踏まえながら無理のない位置で区切りましょう。

ルール1 文の終わりで区切る

Nowadays, / people can access their bank accounts / over the Internet anytime. /

ルール2 主語が長いときは動詞の前で区切る

Nowadays, / various kinds of ocean life, such as fish and sea turtles, / are facing serious problems / caused by human beings. /

ルール3 主語が代名詞のときは直後で区切らない

It can also lead to Internet crime. /

ルール4 前置詞＋名詞などの修飾語句はまとめて前後で区切る

They are introducing new security software / for online banking. /

2　強弱をつけて読もう

　強く発音する語句と弱く発音する語句のメリハリを意識しましょう。リズムに乗って滑らかに読み上げることが重要です。

> **ルール1**　動詞・名詞・形容詞・副詞は強くはっきりと読む
>
> People can **access** their **bank accounts** over the **Internet anytime**.

> **ルール2**　代名詞・前置詞・接続詞は弱く読む
>
> ... , so they are introducing **new security software** for **online banking**.
>
> （so が接続詞、they が代名詞、for が前置詞）

> **ルール3**　文で特に重要な語句を強く読む
>
> Nowadays, **various kinds of ocean life**, such as fish and sea turtles, are facing **serious problems** caused by **human beings**.

　以上が一般的なルールですが、「動詞＋名詞」など強く発音される語句が2つ続く場合はどちらか一方がより強く発音されます。また、ルール2とは逆に接続詞が強調されて強く発音される場合もあります。このように文の内容と関連して例外も発生しますが、まずは上のルール1～3を念頭に置いて読み上げるようにしましょう。

3　次の手順で練習しよう

　次のページから実際に音読に取り組みます。効果を上げるために次の手順で練習しましょう。自分の音読を聞き直すための録音機器を用意してください。

1 区切りや語句の強弱が示された英文を見ながら、ネイティブの音読を聞く。

2 区切りや語句の強弱が示された英文を見ながら、ネイティブの真似をして音読する。

3 問題カードの英文を見ながら、区切りや語句の強弱を意識して音読する。このとき、自分の音読をスマホなどに録音する。

4 ネイティブの音読と**3**で録音した自分の音読を聞き比べて、修正点を探す。

5 ネイティブの音読に近づくように**3**～**4**を繰り返し練習する。

■ 音読練習

音読は何と言ってもネイティブの読み上げ方を何度も繰り返し聞いて、それを自分で真似することが一番です。問題カードの英文を以下に再掲載しますが、区切れる箇所と特に強く読む語句を太字にしてあります。前ページの手順に従って何度も練習しましょう。

Online Banking ◀04 >>> 08

① Nowadays, / people can **access** their **bank accounts** / over **the Internet anytime**. / ② This is very **convenient**, / **but** it can **also** lead to **Internet crime**. / ③ **Banks** want to **protect** their **customers** / from this, / so they are introducing **new security software** / for **online banking**. / ④ People should **also remember** to **change** their **passwords frequently**. / ⑤ It is **important** / for people to **protect themselves** / when using **the Internet**. /

> 解説　① 母音で始まる Internet の前の the は、必ず舌先を軽く前歯ではさみます。② 接続詞 but は、その後が主張を表す文なので強く発音しましょう。crime の c の後に母音「ゥ」が入らないように、cr を一度に発音しましょう。③ want to の to や for online banking の for は、母音が強くならないよう注意してください。④ 区切りなしで一気に読み通しましょう。⑤ まとめの文です。It is は１つにつなげて読むようにして、「イト・イズ」とカタカナ読みにならないようにしましょう。

問題カードの訳

オンライン銀行取引

近頃はインターネット上でいつでも銀行口座を利用できる。これはとても便利なことだが、またインターネット上の犯罪につながる可能性もある。銀行はこうしたことから顧客を守りたいと思っているので、オンライン銀行取引に新しいセキュリティソフトを導入してきている。また、忘れずにパスワードを頻繁に変えた方が良い。インターネットを使用する時に、自分の身を守ることは重要である。

■ 質疑応答の例

　音読が終わると面接委員から４つの質問をされます。前半の２つは問題カードを見ながら答えますが、後半の２つではカードを見ないで自分の意見を述べることが求められます。まず、スクリプトで質問の内容や模範的な応答の分量を把握し、解説で解答の仕方を確認しましょう。次に、音声を繰り返し聞いてから、受験者の解答例が滑らかに口をついて出てくるまで音読をしてください。シミュレーションと口慣らしをしておくと自信につながります。

No. 1 　　　　　　　　　　　　　　　　　　　　　◀09

Examiner: According to the passage, why are banks introducing new security software for online banking?

　面接委員：本文によると、銀行がオンライン取引のために新しいセキュリティソフトを導入してきているはなぜですか。

Examinee: Because they want to protect their customers from Internet crime.

　受験者：インターネット上の犯罪から彼らの顧客を守りたいから。

> **解説**　new security software（新しいセキュリティソフト）については、第3文で Banks want to protect their customers from this（銀行はこうしたことから顧客を守りたいと思っている）とあり、so（だから）の後でセキュリティソフトを導入していると書かれています。this（こうしたこと）とは前文を参照すると Internet crime のことだとわかるので、2つの情報を総合して解答します。理由を聞かれた場合はキーワードに注目して、その語句がある前後の文と so（だから）や because（なぜなら）などの原因や結果を表す語に注目しましょう。

No. 2

Examiner: Now, please look at the picture and describe the situation. You have 20 seconds to prepare. Your story should begin with the sentence on the card.
<20 seconds>
Please begin.

面接委員： 次に、絵を見てその状況を説明してください。準備のために 20 秒間あります。カードに書いてある文で話を始めてください。
〈20 秒〉
それでは始めてください。

１コマ目　　　　　　　　　　　　　　　　　　　　　　　◀ 11

Examinee: One day, Mr. and Mrs. Kato were checking travel websites. Mrs. Kato said to her husband, "Let's go to the beach for our vacation."

受験者： ある日、加藤夫妻が旅行サイトを調べていました。奥さんは旦那さんに「休暇にはビーチに行きましょう」と言いました。

解説　まず、登場人物とその動作を冷静にとらえましょう。登場人物が 2 人いて、問題カードに書かれた第 1 文から 2 人が夫婦だとわかります。女性の方が男性に話しかけているので 2 文目では発言を導く say を用いますが、第 1 文に合わせて過去形にします。発言内容は、一字一句問題カードに書かれている通りに正確に言いましょう。

2 コマ目

The next day at a shop

■12

Examinee: The next day at a shop, Mrs. Kato was trying on sunglasses. Mr. Kato was thinking of buying the sunglasses for her.

受験者： 次の日にお店で奥さんはサングラスを試着していました。旦那さんは彼女のためにサングラスを買おうと思っていました。

解説　2 人の人物のどちらについて先に述べるか決めましょう。この場合、サングラスを試着している Mrs. Kato を見て、Mr. Kato が考えているので、Mrs. Kato の方から説明します。Mrs. Kato の方は進行形を用いて、Mr. Kato の方は be thinking of V-ing（V しようと思っている）と続けます。

3 コマ目

At the beach

13

Examinee: At the beach, Mrs. Kato was surprised to see a sign saying sharks were in the water. Mr. Kato was thinking that he would not be able to surf.

受験者： 海辺で、奥さんはサメが水中にいると書いてある看板を見て驚きました。旦那さんはサーフィンはできないだろうと考えていました。

解説　Mrs. Kato の表情から be surprised to V（V して驚く）という表現が使えます。Mr. Kato が考えているのは過去の時点なので was thinking that ...（…と考えていた）の後は will の過去形 would を使うのがポイントです。時制はいつも正確に使うように心がけましょう。

No. 3

Examiner: Some people say that people trust information on the Internet too easily. What do you think about that?

面接委員： 人々はインターネット上の情報を簡単に信じすぎると言う人たちがいます。あなたはそのことについてどう思いますか。

Examinee A: I agree. People often share false news on the Internet. They don't think carefully about what they read online.

受験者 A： 私は同意します。人々はインターネット上の誤ったニュースをよくシェアします。彼らはオンライン上で読むものについてあまり注意を払いません。

Examinee B: I disagree. People realize there is a lot of false information online. They get their information from a variety of sources.

受験者 B： 私は同意しません。人々はインターネット上に誤った情報がたくさんあることに気づいています。彼らは様々な情報源から情報を得ています。

解説 質問の前に please turn over the card and put it down（問題カードを裏返して机の上に置いてください）という指示があるのでそれに従います。面接委員の発言を受けて、まず同意するかどうかを表明したら、理由を 2 文で説明しましょう。受験者 A は false news（誤ったニュース）を人々がシェアしてしまうと述べてから、最後の文でさらにその理由について説明しています。意見は異なりますが、受験者 B も false information（誤った情報）がたくさんあることに気づいていると述べてから、次の文でその理由を説明するというパターンです。

No. 4

Examiner: These days, organic vegetables are becoming popular. Do you think more people will buy organic vegetables in the future?

面接委員： 近頃は、有機野菜の人気が出てきています。あなたは将来有機野菜を買う人が増えると思いますか。

Examinee A: Yes. → Why?
More and more people are interested in their health. People want to buy vegetables that are safe to eat.

受験者 A： はい。 → なぜですか?
自分の健康に関心を持つ人がますます多くなっています。人々は安全に食べられる野菜を買いたがっています。

Examinee B: No. → Why not?
Organic vegetables cost much more than regular ones. Also, there aren't many kinds of organic vegetables at the supermarket.

受験者 B： いいえ。 → なぜそう思わないのですか。
有機野菜は通常の野菜よりも費用がずっとかかります。また、スーパーマーケットに多くの種類の有機野菜がありません。

解説 この質問に対しても自分の意見の根拠を 2 文で説明します。受験者 A は第 1 文で述べた理由を第 2 文で補足説明しています。More and more people で「…な人がますます多くなっている」と表現しているのに注目しましょう。受験者 B の方は第 1 文目の理由とは異なる理由を第 2 文で提示しています。このように、2 文で 2 つの理由を提示するパターンと第 2 文で第 1 文の理由を補足するパターンのいずれかを使って答えるようにしましょう。

頻出分野別表現リスト2
［生活］

　生活様式についての話題がよく取り上げられます。過去に出題されたトピックと今後出題されそうなトピックに関連する表現を学びましょう。

都会と田舎 *Cities and Countryside*

- □ （都会）文化的に多様だ 長所　　be culturally diverse
- □ （都会）充実した公共交通機関 長所　　fully developed public transportation
- □ （都会）孤独死 短所　　unattended deaths
- □ （田舎）子育てに良い場所 長所　　a good place to rear young children
- □ （田舎）安い生活費 長所　　the low cost of living

現代の食生活 *Today's Eating Habits*

- □ 有機野菜の需要 長所　　demand for organic vegetables
- □ ファーストフードの利便性 長所　　the convenience of fast foods
- □ 料理する時間が少ない 短所　　have less time to cook
- □ 高額な健康食品 短所　　expensive health foods
- □ 成人病リスクの増加 短所　　the higher risk of lifestyle diseases

オンラインショッピング *Online Shopping*

- □ 商品を家に運ばなくてよい 長所　　need not carry goods home
- □ 閉店時間がない 長所　　have no closing time
- □ 不要なものを買わずにすむ 長所　　can avoid buying unnecessary goods
- □ 直接見て確かめられない 短所　　cannot see items in person
- □ 個人情報の漏洩 短所　　leakage of personal information

キャッシュレス化 *Cashless Payment*

- □ 小銭を持たなくてよい 長所　　need not carry small change
- □ 武装強盗の消滅 長所　　disappearance of armed robberies
- □ 感染のリスク低減 長所　　the lower risk of infection
- □ 震災時に使用不能になる 短所　　be discontinued in case of disaster
- □ お金を節約するのが難しい 短所　　It is difficult to save money.

DAY **1**
ミニ模試

筆記試験・リスニングテスト

［目標解答時間：15 分＋リスニング］

1 次の（1）から（5）までの（　　　　）に入れるのに最も適切なものを 1, 2, 3, 4 の中から一つ選びなさい。

（1）Jack (　　　　) his friends by telling them that he was working as a top chef at an expensive restaurant. Actually, he was a waiter and did not do any cooking.

    1 established   2 endured

    3 disposed   4 deceived

（2）Last month, Marilyn's father turned 70 years old. She planned a big (　　　　) for him and over 50 guests attended.

    1 foundation   2 celebration

    3 reflection   4 prediction

（3）Last week, some hikers got lost in the mountains, hundreds of kilometers from the nearest town. It took a long time for the rescuers to find them because the area was so (　　　　).

    1 punctual   2 responsible

    3 isolated   4 frightened

（4）Gavin finds it hard to (　　　　) in math class because the class is right before lunchtime. He is often thinking about what he will eat.

    1 shake hands   2 take cover

    3 make believe   4 pay attention

（5） After the smartphones that P-Tech designed had problems, the company decided to give refunds only to people with receipts. (　　　) who did not have receipts were unhappy.

    1 This   **2** That

    3 These   **4** Those

DAY 1
DAY 2
DAY 3
DAY 4
DAY 5
DAY 6
DAY 7
DAY 8
DAY 9
DAY 10

2 次の英文を読み、その文意にそって (6) から (8) までの (   ) に入れるの に最も適切なものを 1, 2, 3, 4 の中から一つ選びなさい。

Getting Light Right

Electric lights have greatly improved the quality of humans' lives. However, scientists have discovered that artificial lights can cause a variety of health problems. (6), they can prevent people from being able to sleep properly. This happens because many body rhythms, such as the sleep cycle, are controlled by light. When it is too bright at the wrong time, the body thinks it is time to be awake rather than asleep.

Moreover, problems caused by light seem to (7). As a result, issues with sleep occur more frequently in the elderly. To solve this, a group of researchers in Europe have come together to create the ALADIN Project. They have discovered that both the brightness and color of light have an effect on body rhythms. With this knowledge, the researchers have created an indoor lighting system that helps seniors sleep better by changing the light throughout the day to match the body's natural cycle.

Furthermore, the system can be adjusted to match a specific person. By using sensors in the person's clothing, it is able to detect changes in the body. Then, it adjusts the light to match that person's needs. For example, when the person's heart rate decreases in the evening, the light levels in the room go down, allowing that person's body to prepare for sleep. The researchers believe their system could be used to (8) in the future. For example, it could be put on airplanes to help passengers sleep on long flights. Therefore, the ALADIN Project could be beneficial to people of all ages.

（6） 1 On average
2 On the other hand
3 In return
4 In particular

（7） 1 depend on the season
2 improve over time
3 increase with age
4 cause health issues

（8） 1 help people in other ways
2 reduce airline accidents
3 cure heart disease
4 make better clothing

From: Pete Quince <p.quince@obertonlions.com>
To: All Parents <lionshockeyparentslist@inmail.com>
Date: October 7
Subject: Parent volunteers

Dear parents,

This is Pete Quince, the coach of your sons' hockey team. Every year, our team holds a number of special events to raise money. We use this money to buy sports equipment, to pay for membership to the Junior Hockey Association, and to travel to our hockey games. We are currently looking for parents to volunteer at these events. At practice last week, I gave each player a sign-up sheet for our next event, which will be held in November.

This event will be a T-shirt sale. We'll be holding the T-shirt sale at the Oberton Park picnic area. We've put out an advertisement for the event in the local newspaper. The boys are designing T-shirts that will show our team's lion mascot. Shirts-n-Stuff, a local company, has agreed to print the shirts for a special, discounted price.

At the event, we'll need parents to help us set up tables for the sale, as well as receive payments. If you're interested in volunteering or not, please fill out the sign-up sheet that your son brought home. When you've filled it out, ask your son to bring it to practice sometime this week. The deadline is Friday. If you have any questions, please e-mail me or give me a call.

Sincerely,

Pete Quince

Oberton Lions Coach

(9) Last week, Pete Quince gave the hockey players

    1 some new equipment for this year's season.
    2 some money to pay for travel expenses to games.
    3 sheets for parents to sign if they want to volunteer.
    4 tickets to a special event at the Junior Hockey Association.

(10) What will Shirts-n-Stuff do for the hockey team?

    1 Help the team advertise its event in the newspaper.
    2 Design a T-shirt with a lion on it for the team.
    3 Allow the team to pay a lower price than usual for T-shirts.
    4 Donate money to help the team with its event.

(11) What is one thing that Pete Quince asks parents to do?

    1 Lend the team some tables.
    2 Attend every practice with their son.
    3 Call him about their sons' payments.
    4 Reply to his request by Friday.

■ 16 >>> 19

対話を聞き、その質問に対して最も適切なものを 1, 2, 3, 4 の中から一つ選びなさい。

No. 1

1 The new shopping mall.
2 A nice car for their family.
3 Somewhere to park.
4 Good seats at the football game.

No. 2

1 He picked some coconuts.
2 He ate a lot of candy.
3 He saw many famous sights.
4 He visited a factory.

No. 3

1 Cook dinner.
2 Buy groceries.
3 Meet Jane at the store.
4 Make dinner reservations.

No. 4

1 He contacted a musician.
2 He called a radio show.
3 He wrote a song.
4 He answered a question about jazz.

第2部 英文を聞き、その質問に対して最も適切なものを 1, 2, 3, 4 の中から一つ選びなさい。

No. 5

1 Her boss is not nice to her.
2 Her job does not pay well.
3 She needs more time for studying.
4 She will start studying abroad soon.

No. 6

1 Change the club's website.
2 Choose a new club secretary.
3 Organize a party for Raymond.
4 Decide the rules for a competition.

No. 7

1 It is salty in taste.
2 It is gathered by fishermen.
3 It is only used to make salads.
4 It is only eaten with beef dishes.

No. 8

1 He wants to work less.
2 He wants to stop flying.
3 He wants to help younger pilots.
4 He wants to get more money.

DAY 1
DAY 2
DAY 3
DAY 4
DAY 5
DAY 6
DAY 7
DAY 8
DAY 9
DAY 10

■ 正解一覧

筆記試験

1

（1）	（2）	（3）	（4）	（5）
4	2	3	4	4

2

（6）	（7）	（8）
4	3	1

3

（9）	（10）	（11）
3	3	4

リスニングテスト

1

No. 1	No. 2	No. 3	No. 4
3	4	2	2

2

No. 5	No. 6	No. 7	No. 8
3	2	1	3

■ 訳と解説

筆記 1 短文の語句空所補充

（1） 正解 **4**

> **訳** 高級レストランで一流のシェフとして働いていると言って、ジャックは友人を騙した。実は、彼はウェイターで料理は全くしていなかった。
>
> **1** 確立した　　**2** 我慢した　　**3** 配置した　　**4** 騙した
>
> **解説** ジャックの動作が問われているが、telling them that he was working as a top chef（彼らに一流のシェフとして働いていると言って）と Actually, he was a waiter（実は、彼はウェイターだった）という内容から、事実とは異なることを話していることが分かる。

（2） 正解 **2**

> **訳** 先月、マリリンの父親は 70 歳になった。彼女は彼のために大きな祝賀会を計画し、50 人以上の招待客が出席した。
>
> **1** 土台　　　　**2** 祝賀会　　**3** 反射　　　**4** 予測
>
> **解説** Marilyn's father turned 70 years old（マリリンの父親は 70 歳になった）とあるので、自然な流れとして彼女がお祝いをしようとしたと考えられる。over 50 guests attended（50 人以上の招待客が出席した）ということからも、空所には行事を表す単語が入るのだと確認できる。

（3）**正解** 3

訳 先週、何人かのハイカーが最寄りの町から数百キロ離れた山の中で道に迷った。その地域はとても孤立しているので、レスキュー隊が彼らを見つけるのに長い時間がかかった。

1 時間を守る　　　　　　　2 責任がある
3 孤立している　　　　　　4 おびえている

解説 some hikers got lost in the mountains（何人かのハイカーが山の中で道に迷った）と It took a long time for the rescuers to find them（レスキュー隊が彼らを見つけるのに長い時間がかかった）という内容から、the area（その地域）が捜索しにくい場所だったと考えられる。

（4）**正解** 4

訳 ガヴィンは昼休みの直前なので数学の授業に集中するのが難しいと感じる。彼はこれから食べるものについて考えていることが多い。

1 握手する　　　　　　　　2 引き継ぐ
3 〜であるふりをする　　　4 注意を払う

解説 the class is right before lunchtime（その授業は昼休みの直前だ）と He is often thinking about what he will eat（彼はこれから食べるものについて考えていることが多い）という部分から、ガヴィンはお腹が空いていて授業の内容が頭に入ってきていないことが分かる。

（5）**正解** 4

訳 P-Tech 社が設計したスマートフォンに問題が出ると、会社は領収書を持っている人たちだけに返金することにした。領収書を持っていなかった人たちは不満だった。

1 This　　　2 That　　　3 These　　　4 Those

解説 第1文では「ある会社のスマートフォンに問題があったが、会社はレシートを持っている人たちにしか対応しなかった」という内容が押さえられれば十分。空所直後に関係代名詞 who があり、文の述語動詞が were なので、人を表すことができて複数形の those を選ぶ。

照明を調節する

　電灯は人間の生活の質を大いに向上させた。しかし、科学者たちは人工照明がさまざまな健康上の問題を引き起こす可能性があることを突き止めている。特に、そうした照明のせいで人々が適切に眠ることができなくなる可能性がある。これは、睡眠周期などの多くの体のリズムが光によって制御されているために起こる。間違った時に明る過ぎると、体は眠るのではなく目覚めている時間であると考えるのだ。

　さらに、光によって引き起こされる問題は年齢とともに増加するようだ。その結果、睡眠に関する問題は高齢者に発生する頻度が高くなる。この問題を解決するため、ヨーロッパの研究者グループが集まってアラジン・プロジェクトを立ち上げた。彼らは、光の明るさと色の両方が体のリズムに影響を与えることを発見した。この知識を基に、研究者たちは一日を通して体の自然なサイクルに合わせて光を変えることによって高齢者がより眠りやすくする屋内照明システムを作った。

　さらに、システムは特定の人に合うように調整することができる。人の服につけたセンサーを使用することで、身体の変化を検出することができる。それから、その人のニーズに合わせて光を調整する。たとえば、夕方にその人の心拍数が減少すると、部屋の照明レベルが下がり、その人の体は睡眠の準備ができるようになる。研究者たちは、このシステムが将来には他の方法で人々を助けることに使われるだろうと信じている。たとえば、飛行機に載せれば乗客が長いフライト中に眠れるようにすることができるだろう。こうして、アラジン・プロジェクトはあらゆる年齢層の人々にとって有益なものとなるだろう。

（6） 正解 4

選択肢の訳　1 平均して　　2 その一方で　　3 その代わりに　　4 特に

解説　空所の直前で a variety of health problems（さまざまな健康上の問題）について言及されていて、その後で人工照明について they can prevent people from being able to sleep properly（そうした照明のせいで人々が適切に眠ることができなくなる可能性がある）とあるので、具体例を示すのに適切な表現を選ぶ。

（7） 正解 3

選択肢の訳　1 季節によって異なる　　　　　2 時間をかけて改善する
　　　　　　3 年齢とともに増加する　　　　　4 健康問題を引き起こす

解説　空所の直後に As a result（その結果）とあることに注目する。年配の人たちに睡眠の問題が頻繁に起こるという内容が後に続くので、空所を含む文でも problems caused by light（光によって引き起こされる問題）と年齢との関連を示す必要がある。

（8） 正解 1

選択肢の訳　1 他の方法で人々を助ける　　　2 航空機事故を減らす
　　　　　　3 心臓病を治す　　　　　　　　4 良い服を作る

解説　空所の次の文で For example（たとえば）とあることに注目する。この文では飛行機内で乗客が眠りやすくなる照明について言及しているので、空所を含む文はより一般的な内容を示すものでなくてはいけない。2 は airline という単語に釣られやすいが、3 と 4 と同様にその後の文の内容との関連性がない。

送信者：ピート・クィンス <p.quince@obertonlions.com>
宛先：親御様 <lionshockeyparentslist@inmail.com>
日付：10 月 7 日
件名：親御様によるボランティア

親御様へ、

お子さんのホッケーチームのコーチ、ピート・クィンスです。毎年、私たちのチームは
お金を集めるためにいくつかの特別なイベントを開催しています。私たちはこのお金を
使ってスポーツ用品を買ったり、少年ホッケー協会の会員費を払ったり、ホッケーの試
合の交通費に充てたりしています。私たちは現在皆様の中でこれらのイベントでボラン
ティアをしていただける方を募集しております。先週の練習で、私は各選手に 11 月に開
催される次回のイベントの登録シートを配布しました。

このイベントは T シャツの販売になります。私たちはオバートン公園のピクニックエリア
で T シャツ販売を開催します。地元新聞にイベントの広告を掲載しました。お子さんた
ちが私たちのチームのライオンのマスコットが登場する T シャツをデザインしています。
地元企業の Shirts-n-Stuff は、シャツを特別な割引価格でプリントしてくれることに同
意しています。

イベントでは、代金を受け取るだけでなく販売用のテーブルを設置するのに親御様に手
伝っていただく必要があります。ボランティアに興味があるかどうかにかかわらず、お子
さんが家に持ち帰った登録シートに記入してください。記入が終わったら、お子さんに
今週中にそれを練習に持ってくるように頼んでください。締め切りは金曜日です。ご質
問がありましたら、私まで電子メールを送っていただくか電話をしていただけますでしょ
うか。

よろしくお願いいたします。

ピート・クィンス

オバートンライオンズ コーチ

（9）　正解　3

訳　先週ピート・クィンスがホッケー選手に…を手渡した。

1　今年のシーズン用のいくつかの新しい装備
2　試合の交通費を支払うための少しのお金
3　ボランティアしたい場合に両親が署名するためのシート
4　少年ホッケー協会での特別イベントのチケット

解説　まず、メール冒頭から送り主が少年ホッケーチームのコーチで宛先が選手の親であることを押さえる。問題文のキーワードである last week（先週）について、メール本文の第 1 パラグラフ最終文で a sign-up sheet（登録シート）を子どもに持たせたとあるので、それを sheets for parents to sign（両親が署名するためのシート）と言い換えた 3 が正解。

（10）　正解　3

訳　Shirts-n-Stuff はホッケーチームに対して何をするか。

1　チームが新聞にイベントを宣伝するのを手伝う。
2　ライオンがプリントされたチームの T シャツをデザインする。
3　チームが T シャツの代金として通常よりも低い価格を支払うことを許可する。
4　イベントでチームを支援するためにお金を寄付する。

解説　問題文のキーワード Shirts-n-Stuff は第 2 パラグラフ最終文で登場する。このパラグラフ全体で T シャツについて説明されているが、この文では Shirts-n-Stuff という会社が print the shirts for a special, discounted price（シャツを特別な割引価格でプリント）してくれると書かれている。

(11)

訳 ピート・クィンスが両親にするように頼んでいることは何か。

1 チームにテーブルをいくつか貸すこと。
2 息子と一緒に毎回の練習に出席すること。
3 息子の支払いについて彼に電話すること。
4 金曜日までに彼の要望に答えること。

解説 両親にして欲しいことについては第3パラグラフで説明されている。①Tシャツの販売とテーブルの設置を手伝う、②イベントの登録シートに記入する、③子どもを通じて登録シートを金曜日までに提出する、④質問があればメールか電話で連絡するの4つだが、全員に当てはまる②と③を簡潔に言い換えた4が正解。

No. 1

スクリプト

M: I hate going to the mall on Saturdays. There are never any parking spots. We should have stayed home and watched the football game.

W: Relax, honey. Keep driving around and we'll find a place to park. Look—a car's pulling out just ahead of us.

M: Finally. I thought we'd have to drive around looking all morning.

W: See, I told you we'd find a spot. You just need to be more patient.

Question: What was the couple trying to find?

訳

男性：土曜日にショッピングモールに行くのは嫌だね。絶対に駐車場が空いてないから。家でフットボールの試合を見るべきだったね。

女性：落ち着いてよ、あなた。その辺りを運転し続けてれば、駐車する場所が見つかるわよ。ほら。ちょうど手前で車が1台出てくるわ。

男性：やっとだ。午前中探し回らないといけないのかと思ったよ。

女性：ほら、見つかるって言ったでしょ。もう少し我慢強くなることね。

質問：夫婦は何を見つけようとしているのか。

正解 3

選択肢の訳

1 新しいショッピングモール。

2 家族用の素敵な車。

3 駐車する場所。

4 フットボールの試合の良い席。

解説 男性の最初の発言から家にいたいのにショッピングモールに来ていることが分かる。彼の There are never any parking spots（絶対に駐車場が空いてない）という不平に対して、女性がしばらく探していれば we'll find a place to park（駐車する場所が見つかるわよ）と応じていることから、a place to park と同じ意味の3が正解。

模試［解答・解説］

DAY 1

DAY 2

DAY 3

DAY 4

DAY 5

DAY 6

DAY 7

DAY 8

DAY 9

DAY 10

No. 2

スクリプト
W: Dave, what's this on my desk?
M: Oh, that's some candy I brought back from my business trip to Vietnam. It's made with coconut.
W: It looks delicious. Did you get the chance to do any sightseeing?
M: No, not really. But I did have time to take a tour of the factory where I bought that candy. They even let us try making some.
Question: What does the man say he did in Vietnam?

訳
女性：デイブ、私の机の上にあるのは何？
男性：ああ、それはベトナムの出張で持ち帰ってきたキャンディーだよ。ココナッツが入ってるんだ。
女性：おいしそうね。観光はできたの？
男性：いいや、あんまり。でも、そのキャンディーを買った工場を見学する時間はあったよ。少し作らせてもらったしね。
質問：男性はベトナムで何をしたと言っているか。

正解 4

選択肢の訳
1 ココナッツを採った。
2 キャンディーをたくさん食べた。
3 有名な観光地をたくさん巡った。
4 工場を訪問した。

解説
男性の最初の発言から彼がベトナムへ出張したことがわかる。女性の観光はできたのかという問いに No, not really（いいや、あんまり）と応じているが、I did have time to take a tour of the factory（工場を見学する時間はあった）と述べている。

No. 3

スクリプト　W: Honey, did you get the groceries I asked you to buy on your way home from work?

M: Oh, no! I'm sorry, Jane. I forgot again.

W: What? This is the third time this week! Do we have to go out for dinner again this evening?

M: OK. I'll go to the store now. I promise I'll remember next time.

Question: What was the man supposed to do?

訳　女性：あなた、仕事から帰ってくる途中で買ってきてって頼んだ食料品は買ってきたの？

男性：ああ、しまった！ ごめん、ジェーン。また忘れてた。

女性：どういうこと？ 今週で3度目よ。今夜もまた外食しないといけないの？

男性：分かったよ。お店に行くから。次は忘れないと約束するよ。

質問：男性は何をすることになっていたのか。

正解　2

選択肢の訳　1　夕飯を作る。　　　　　2　食料品を買う。
3　店でジェーンに会う。　　4　夕食を予約する。

解説　女性の最初の発言から、彼女が男性に the groceries（食料品）を買ってくるように頼んでいたことが分かる。それに対して男性は謝りながら I forgot again（また忘れた）と言っている。質問は男性がやるはずだったのに実際にはやらなかったことを尋ねているので、彼がやり忘れたことを素直に選べば良い。

No. 4

スクリプト

W: Congratulations! You're the tenth caller. That means you win two tickets to the Cool FM Jazz Festival!

M: Really? I won? I always listen to your show, but I've never tried calling in before.

W: It's your lucky day, then. Enjoy the concert, and thanks for listening to Cool FM Jazz Radio. Please hold the line so we can get your contact details.

M: OK. Thanks!

Question: How did the man win tickets to a concert?

訳

女性：おめでとうございます！ あなたが 10 人目の電話の発信者です。クールFM ジャズフェスティバルへのペアチケットが当選しました！

男性：本当ですか？ 私が？ いつもこの番組を聴いていますが、今まで電話をかけたことがなかったんです。

女性：じゃ、今日はラッキーですね。コンサートを楽しんできてください。そして、クール FM ジャズラジオを聴いてくれてありがとうございます。連絡先を伺うので電話を切らないで待っていてください。

男性：分かりました。ありがとうございます。

質問：男性はどのようにしてコンサートのチケットを手に入れたのか。

正解 2

選択肢の訳　1 ミュージシャンに連絡した。　　2 ラジオ番組に電話した。
　　　　　　3 歌を書いた。　　　　　　　　　4 ジャズについての質問に答えた。

解説　女性が最初の発言で男性にチケットの当選を知らせていて、その理由について You're the tenth caller（あなたが 10 人目の電話の発信者です）と述べている。続けてその後のやりとりを聞くと、女性はラジオ番組の DJ で男性はリスナーの 1 人なのだと分かる。

No. 5

◀20

スクリプト Tina is a high school student and will go to college next year. Three months ago, she got a job at a hamburger shop to help pay for college. She likes the job and her boss is nice. However, she noticed that her test scores have been getting worse because she has less time to study. Tina has decided to quit her job and focus on school.

Question: Why has Tina decided to quit her job?

訳 ティナは高校生で、来年は大学生になる。3ヵ月前、大学の授業料の足しになるようにと彼女はハンバーガーショップの仕事に就いた。彼女はその仕事が気に入って、上司も親切だった。しかし、勉強する時間が少なくなって、テストの得点が悪くなっていることに気付いた。ティナは仕事を辞めて学校の勉強に集中することにした。

質問：ティナはなぜ仕事を辞めることにしたのか。

正解 3

選択肢の訳
1 上司が彼女に親切でない。
2 仕事の給料があまり良くない。
3 勉強する時間をもっと必要としている。
4 すぐに留学を始める。

解説 基本情報として、最初の2つの文からティナが高校生でアルバイトを始めたことを押さえる。仕事に対する不満については何も語られていないが、her test scores have been getting worse because she has less time to study（勉強する時間が少なくなって、テストの得点が悪くなっている）と述べられてから勉強に集中することにしたと締めくくられている。

No. 6

スクリプト Let's begin the tennis club meeting. As you all know, Raymond, our club secretary, is leaving next month. He has done a great job of organizing meetings and putting information on our website. Now, we need to decide on a person to replace him. Three members have volunteered to become the new secretary, and we will vote in a moment. After that, I want to discuss next week's competition.

Question: What will the people do after this announcement?

訳 テニスクラブのミーティングを始めましょう。皆さんご存知のとおり、私たちのクラブの幹事であるレイモンドが来月退部します。彼は会議を運営したり私たちのウェブサイトに情報を載せたりするのに素晴らしい仕事をしてくれました。そのため、私たちは彼の後任を決める必要があります。 3人のメンバーが新しい幹事になることを志願していて、間もなく投票に移ります。その後、来週の大会について議論したいと思います。

質問：今回のアナウンスの後、人々はどうするか。

正解 2

選択肢の訳 1 クラブのウェブサイトを変更する。
2 新しいクラブの幹事を選ぶ。
3 レイモンドのためにパーティーの準備をする。
4 大会に出場するための規則を決める。

解説 クラブのミーティングの冒頭で club secretary（クラブの幹事）のレイモンドの退部が告げられている。その後 we need to decide on a person to replace him（私たちは彼の後任を決める必要があります）と述べられた上で、3人の候補がいて we will vote in a moment（間もなく投票に移ります）ということなので、こうした内容を簡潔にまとめた 2 が正解。

No. 7

スクリプト Samphire is a vegetable that originally comes from the coasts of Northern Europe. It looks a lot like asparagus, but samphire is smaller. It also has a salty taste because it grows very close to the ocean where there is a lot of salt. In England, some people put it in salads or eat it with fish dishes.

Question: What is one thing we learn about samphire?

訳 シーアスパラガスはもともと北ヨーロッパの海岸に由来する野菜だ。アスパラガスによく似ているが、シーアスパラガスはそれより小さめだ。また、塩分の多い海の近くで育つので、塩気がある。イギリスではサラダに入れたり魚料理と一緒に食べたりする人がる。

質問：シーアスパラガスについて分かることは何か。

正解 1

選択肢の訳 1 しょっぱい味がする。
2 漁師によって収穫される。
3 サラダを作るためだけに使われる。
4 牛肉の料理としか一緒に食べられない。

解説 samphire（シーアスパラガス）について、原産地と見た目と大きさについて説明した後で It ... has a salty taste（塩気がある）とはっきり述べられているので1が正解。イギリスでの食べ方について具体的な料理の名前が挙げられているが、some people（一部の人たち）に当てはまることなので、それらに限定されているわけではない。

スクリプト Mr. Simpson has been a pilot for 25 years, and he was recently asked if he wanted to teach young pilots. The salary and working hours are about the same, but he would not be able to fly anymore. Even though he did not want to stop flying, Mr. Simpson decided to take the job because he wants to help new pilots improve their skills.

Question: Why did Mr. Simpson decide to become an instructor?

訳 シンプソンさんは25年間パイロットをしていて、最近若いパイロットを指導したくないかと尋ねられた。給料と労働時間はほぼ同じだが、彼はもう飛行機に乗ることができなくなる。飛行機に乗るのをやめたくなかったが、新しいパイロットがスキルを向上させるのを手伝いたいと思い、仕事を引き受けることにした。

質問：なぜシンプソンさんはインストラクターになろうと決心したのか。

正解 3

選択肢の訳
1 あまり働きたくないと思っている。
2 飛行機に乗るのをやめたいと思っている。
3 若いパイロットを支援したいと思っている。
4 もっとお金を手に入れたいと思っている。

解説 パイロットの仕事と後進の指導について、決定的な違いは he would not be able to fly anymore（もう飛行機に乗ることができなくなる）ということだ。シンプソンさんはそれを望んでいなかったが、最終的に he wants to help new pilots improve their skills（新しいパイロットがスキルを向上させるのを手伝いたい）という希望を優先したことが分かる。

DAY 2
ミニ模試

筆記試験・リスニングテスト

［目標解答時間：15 分＋リスニング］

1 次の (1) から (10) までの ( ) に入れるのに最も適切なものを 1, 2, 3, 4 の中から一つ選びなさい。

(1) The government is planning to ( ) a new tax on cars that use a lot of gasoline. It wants to encourage people to buy cars that use less fuel.

    1 twist   **2** civilize   **3** murder   **4** impose

(2) All the soccer players went onto the field and quickly got into ( ). They were ready for the game to start.

    1 formation   **2** currency   **3** envelopes   **4** quarrels

(3) Wendy wants to ( ) her school in a national science contest. Only one student's work from the school will be chosen for the event, and Wendy hopes it will be hers.

    1 collapse   **2** represent   **3** insult   **4** obtain

(4) When Heather was in her 60s, she noticed that it was becoming more difficult to move easily. She began stretching and doing yoga to improve her ( ).

    1 gravity   **2** sympathy   **3** anniversary   **4** flexibility

(5) Cynthia quit her part-time job because she could not ( ) working and going to college at the same time. Trying to do both was too tiring for her.

    1 remove   **2** excuse   **3** detect   **4** handle

(6) Before Tom left for his vacation in Canada, he made sure that his health ( ) would cover him if he got sick overseas.

1 affection **2** insurance **3** violence **4** mineral

(7) There are enough computers in the IT room for 30 students to work there ( ). When there are more students than that, some have to wait.

1 over the edge **2** all the way
3 at one time **4** in the air

(8) Alice is always very ( ) others. She is always careful not to say things that might hurt people's feelings.

1 considerate of **2** confident of
3 known to **4** engaged to

(9) Joanne's parents went to New York last weekend. ( ) lonely, Joanne invited some friends over to watch a movie on Saturday night.

1 Feeling **2** Felt **3** To have felt **4** To feel

(10) Takako cried in gym class when she slipped and fell down in front of everyone. She ended up ( ) again when she told her mother what had happened.

1 cry **2** crying **3** to cry **4** have cried

次の英文の内容に関して、(11) から (14) までの質問に対して最も適切なもの、または文を完成させるのに最も適切なものを 1, 2, 3, 4 の中から一つ選びなさい。

A New Type of Chocolate

Chocolate is one of the most popular foods in the world, and more and more of it is consumed every year. Recent research has shown that chocolate can have good effects on people's health. However, chocolate also contains ingredients, such as fat and sugar, which can be harmful. This means that eating a lot of chocolate is not good for you. Recently, though, a team of scientists at the University of Warwick in the United Kingdom has come up with a way to replace fat in chocolate without affecting the taste.

The reason that traditional chocolate has so much fat in it is that the fat is needed to keep all the ingredients combined together. Chocolate usually consists of cocoa powder, cocoa butter, fat from milk, sugar, and water. These ingredients separate easily. Therefore, extra fat is added to keep all these different ingredients together. The fat also creates the smooth feeling of chocolate. The team of scientists, though, has found a new and much healthier way to keep the ingredients of chocolate together.

In this method, first, fruit juice, which is healthier than fat, is converted into tiny bubbles. These are then mixed with the other ingredients in order to hold them all together. According to the leader of the team, Stefan Bon, it is possible to replace up to 50 percent of the fat with fruit juice in this way. The method can be used with dark, milk, or white chocolate, and the fruit juice maintains the feeling of chocolate in the mouth. So far, the team has been able to use cranberry, orange, and apple juice.

Of course, fruit-flavored chocolate has been available for some time. This time, though, the aim is not to improve the flavor of the chocolate but to make it healthier. More recently, the scientists have found that it is possible to replace the fruit juice with water and vitamin C in order to maintain a purely chocolate flavor. Even with the new method, chocolate will continue to have fat and sugar, so people should be careful not to eat too much. The new method, however, will make it much healthier than before.

(11) The chocolate developed by a team of scientists at the University of Warwick

1 has become the most popular type of chocolate in the world.
2 has more sugar but less fat than most types of chocolate.
3 tastes good but is healthier to eat than traditional chocolate.
4 helps people who dislike the flavor of traditional chocolate.

(12) Why is extra fat added to traditional chocolate?

1 To add a harder feeling to some types of chocolate.
2 To improve the taste of the milk used in chocolate.
3 To reduce the amount of sugar that is necessary.
4 To prevent the various ingredients from separating.

(13) What has the team of scientists discovered?

1 A type of fruit juice that can be added to chocolate to improve its taste.
2 A way to make chocolate that maintains the sweet flavor of fruit juice.
3 Up to half of the fat in chocolate can be replaced with fruit juice.
4 Fruit juice can be added to traditional chocolate to make it harder.

(14) The team of scientists has found that

1 adding vitamin C to chocolate can make it even healthier than adding fruit juice alone.
2 water and vitamin C can be used to make chocolate healthier without changing the taste.
3 the combination of fat and sugar in chocolate is the main reason that people enjoy eating it.
4 chocolate that tastes like fruit is naturally healthier than other types of chocolate.

第1部　対話を聞き、その質問に対して最も適切なものを 1, 2, 3, 4 の中から一つ選びなさい。

No. 1

1　Playing sports with friends.
2　Driving with his mother.
3　Riding his bicycle.
4　Talking to Cathy.

No. 2

1　He is on the wrong street.
2　He looked in the wrong building.
3　He did not know the shop's name.
4　He could not find the stairs.

No. 3

1　Taking him to a train museum.
2　Getting change from a machine.
3　Explaining how to buy tickets.
4　Showing him a map of the train station.

No. 4

1　She has never studied French.
2　She traveled to France a few times last year.
3　She used to work at a French company.
4　She has been to France before.

DAY 1
DAY 2
DAY 3
DAY 4
DAY 5
DAY 6
DAY 7
DAY 8
DAY 9
DAY 10

| 第2部 | 英文を聞き、その質問に対して最も適切なものを 1, 2, 3, 4 の中から一つ選びなさい。 |

No. 5

1 He chatted on the phone.
2 He started writing a book.
3 He worked on his computer.
4 He talked to his favorite writer.

No. 6

1 Students can use them to study better at home.
2 Students can use them to speak to professors at any time.
3 Professors can use them to teach smaller classes.
4 Professors can use them to see if students understand the class.

No. 7

1 They came to Africa from Asia.
2 They are a small type of insect.
3 They can roll into the shape of a ball.
4 They hunt other pangolins.

No. 8

1 Customers wrote bad reviews about it online.
2 Customers can only get a discount for it online.
3 It can only be bought at Electronic Mart.
4 It is sold more cheaply at Electronic Mart.

■ 正解一覧

筆記試験

	（1）	（2）	（3）	（4）	（5）
1	4	1	2	4	4

	（6）	（7）	（8）	（9）	（10）
	2	3	1	1	2

	（11）	（12）	（13）	（14）
2	3	4	3	2

リスニングテスト

	No. 1	No. 2	No. 3	No. 4
1	3	4	3	4

	No. 5	No. 6	No. 7	No. 8
2	4	4	3	4

DAY 1
DAY 2
DAY 3
DAY 4
DAY 5
DAY 6
DAY 7
DAY 8
DAY 9
DAY 10

■ 訳と解説

筆記 1 短文の語句空所補充

（1） 　**正解** 　4

> **訳** 　政府は、ガソリンを大量に使用する車に新しい税を課すことを計画している。人々が燃料をあまり使用しない車を買うように促したいと考えている。
>
> 　　1 ひねる　　　2 洗練させる　　3 殺害する　　　4 課す
>
> **解説** 　cars that use less fuel（燃料をあまり使用しない車）を人々に推奨しているという第2文の内容から、政府が cars that use a lot of gasoline（ガソリンを大量に使用する車）からは税金を多く取ろうとするはずだと考えられる。

（2） 　**正解** 　1

> **訳** 　すべてのサッカー選手がフィールドに出てすぐに陣形を敷いた。彼らは試合がすぐに始まってもいい状態だった。
>
> 　　1 編成　　　　2 通貨　　　　3 封筒　　　　4 口論
>
> **解説** 　フィールドに出ていったサッカー選手について、They were ready for the game to start（彼らは試合がすぐに始まってもいい状態だった）とあるので、試合の準備として何をしたのかを考える。チームスポーツなので、各選手が自分の持ち場につくことが重要だろう。

093

（3） 正解　2

訳　ウェンディーは全国の科学コンテストで自分の学校の代表になりたいと思っている。この行事には学校からたった 1 人の生徒の研究だけが選ばれるが、ウェンディーはそれが自分の研究であってほしいと願っている。

1 崩壊する　　　**2** 代表する　　　**3** 侮辱する　　　**4** 取得する

解説　Only one student's work from the school will be chosen（学校からたった 1 人の生徒の研究だけが選ばれる）とあり、it will be hers（それが自分の研究になる）ということをウェンディーが願っているので、自分の学校の代表として彼女が 1 人でコンテストに出席したがっているということだ。

（4） 正解　4

訳　ヘザーは 60 代になると容易に体を動かすのが難しくなってきていることに気付いた。彼女は柔軟性を高めるためにストレッチとヨガを始めた。

1 重力　　　　**2** 同情　　　　**3** 記念日　　　　**4** 柔軟性

解説　it was becoming more difficult to move easily（すぐに体を動かすのが難しくなってきている）と感じたヘザーについて、She began stretching and doing yoga（彼女はストレッチとヨガを始めた）とある。ストレッチとヨガをすることで、体の何が向上するのかを考える。

（5） 正解　4

訳　仕事と通学を同時にこなすことができなくなったため、シンシアはアルバイトをやめた。両方をやろうとすると彼女にはあまりにもしんどかった。

1 除去する　　　**2** 言い訳する　　　**3** 検出する　　　**4** 処理する

解説　working（働くこと）と going to college（大学に通うこと）について、シンシアが両方やろうとすると too tiring for her（彼女にはあまりにもしんどかった）とある。2 つのことを同時にこなすことができなかったのでアルバイトをやめたのだと言えるので、正解は 4。

（6）　正解　2

訳　トムは休暇を取りにカナダへ出発する前に、海外で病気になった場合に自分の健康保険が費用を負担してくれるようにした。

1 愛着　　　　2 保険　　　　3 暴力　　　　4 鉱物

解説　Tom left for his vacation in Canada（トムは休暇を取りにカナダへ出発した）とあり、その前に彼がしたことを考える。if he got sick overseas（海外で病気になった場合）を想定しているので、自分の健康について万一の際の備えをしたはずだ。

（7）　正解　3

訳　IT ルームには、一度に 30 人の生徒が作業するのに十分なコンピューターがある。それ以上の生徒がいるときは、待たなければならない人も出る。

1 正気でない　　2 はるばる　　　3 一度に　　　4 空気中に

解説　第 1 文は There are enough computers in the IT room（IT ルームには十分なコンピューターがある）と始まっているが、生徒が一定数以上いると some have to wait（待たなければならない人も出る）というのが第 2 文の趣旨だ。どのような条件ならコンピューターが足りるのかを考える。

（8）　正解　1

訳　アリスはいつも他人に対してとても思いやりがある。彼女は人々の感情を傷つけそうなことを言わないように常に注意している。

1 ～に思いやりがある　　　　2 ～を確信している
3 ～に知られている　　　　　4 ～と婚約している

解説　アリスについて things that might hurt people's feelings（人々の感情を傷つけそうなこと）を言わないようにしているとあるので、他人の気持ちに対する配慮を示す表現を選ぶ。2 confident of は自分が希望する未来の予測を表すので適合しない。

(9)　

訳　ジョアンの両親は先週末ニューヨークに行った。寂しいと感じたので、ジョアンは土曜日の夜に一緒に映画を観てくれる友人を何人か招待した。

　　1 Feeling　　2 Felt　　3 To have felt　　4 To feel

解説　ジョアンの両親は不在だったので、映画を観るのに Joanne invited some friends（ジョアンは友人を何人か招待した）というのは寂しいと感じたからだろう。Because she felt lonely（彼女は寂しいと感じたので）から接続詞と主語を除いて動詞を現在分詞〜 ing にすると分詞構文になる。

(10)　正解　2

訳　みんなの前で滑って転んだ時、タカコは体育の授業で泣いた。起きたことを母親に話していると、彼女はまた泣いてしまった。

　　1 cry　　　　2 crying　　3 to cry　　　　4 have cried

解説　内容的には、学校でタカコが転んで泣いてしまい、帰宅してからそのことを母親に話した時にも嫌なことを思い出して泣いてしまったということが分かれば良い。end up 〜 ing は「結局〜することになった」という意味で、予想に反する結末を表す。

新しい種類のチョコレート

　チョコレートは世界で最も人気のある食品の1つで、消費量が毎年増えている。最近の研究で、チョコレートが人々の健康に良い影響を与える可能性があることが明らかになっている。ただし、チョコレートには脂肪や砂糖などの有害になりうる成分が含まれている。つまり、チョコレートをたくさん食べると良くないということだ。しかし、最近になってイギリスのウォーリック大学の科学者のチームが味を変えずにチョコレートの脂肪を他のものに代用する方法を考案した。

　従来のチョコレートが非常に多くの脂肪を含んでいるのは、すべての成分を結合させておくのに脂肪が必要だからだ。通常チョコレートはカカオパウダー、カカオバター、牛乳由来の脂肪、砂糖と水からできている。これらの成分は簡単に分離してしまう。そのため、これらすべての異なる成分を1つにまとめるために余分な脂肪が加えられているのだ。脂肪はチョコレートの滑らかな食感も作り出す。しかし、その科学者のチームは、チョコレートの成分を一つにまとめるための新しくてより健康的な方法を見つけた。

　この方法では、まず、脂肪よりも健康的なフルーツジュースが小さな泡に変えられる。これらはすべての成分を結合させておくために別の成分と混ぜ合わせられる。チームリーダーのステファン・ボンによると、このようにして最大50パーセントの脂肪をフルーツジュースに置き換えることが可能だ。この方法はダークチョコレート、ミルクチョコレート、ホワイトチョコレートで使用でき、フルーツジュースが口の中でチョコレートの食感を維持する。これまでのところ、チームはクランベリー、オレンジ、リンゴのジュースを使うことができた。

　もちろん、フルーツ風味のチョコレートは少し前から入手可能になっている。ただし、今回はチョコレートの風味を改善するのではなく、より健康的にすることを目的としている。最近になって、科学者たちは純粋にチョコレートの風味を維持するためにフルーツジュースの代わりに水とビタミンCを使用することが可能だと突き止めた。この新しい方法でも、チョコレートは脂肪と砂糖を含むので、人々は食べ過ぎないように注意する必要がある。しかし、新しい方法を使えばチョコレートがずっと健康的なものになるのだ。

(11)　正解　3

訳　ウォーリック大学の科学者チームによって開発されたチョコレートは

　　1　世界で最も人気のある種類のチョコレートになっている。
　　2　ほとんどの種類のチョコレートより砂糖が多いが脂肪が少ない。
　　3　美味しいが従来のチョコレートより健康的だ。
　　4　従来のチョコレートの風味が嫌いな人の役に立つ。

解説　第1パラグラフで、ウォーリック大学の科学者チームについて a way to replace fat in chocolate without affecting the taste（味を変えずにチョコレートの脂肪を他のものに代用する方法）を発見したとあり、脂肪が ingredients ... which can be harmful（有害になりうる成分）の1つとして言及されているので、これらをまとめた3が正解。

(12)　正解　4

訳　なぜ従来のチョコレートに余分な脂肪が追加されるのか。

　　1　ある種のチョコレートに硬い感触を加えるため。
　　2　チョコレートに使われる牛乳の味を良くするため。
　　3　必要な砂糖の量を減らすため。
　　4　さまざまな成分が分離するのを防ぐため。

解説　普通のチョコレートに脂肪が含まれている理由について、第2パラグラフ第1文で the fat is needed to keep all the ingredients combined together（すべての成分を結合させておくのに脂肪が必要だ）とある。この内容を言い換えた4が正解。

(13) 正解 3

訳 科学者のチームは何を発見したか。

1 味を良くするためにチョコレートに加えることができるフルーツジュースの一種。

2 フルーツジュースの甘い風味を維持するチョコレートの作り方。

3 チョコレートの脂肪が最大で半分もフルーツジュースで代用できる。

4 フルーツジュースを従来のチョコレートに加えて硬くすることができる。

解説 第3パラグラフ第1文と第2文でフルーツジュースの細かな泡でチョコレートの成分を結合させることができると説明されていて、続く第3文では it is possible to replace up to 50 percent of the fat with fruit juice in this way (このようにして最大50パーセントの脂肪をフルーツジュースに置き換えることが可能だ) と書かれている。

(14) 正解 2

訳 科学者のチームは、…と突き止めた。

1 チョコレートにビタミンCを加えると、フルーツジュースを単独で加えるよりも健康的になる

2 水とビタミンCを使用すると、味を変えることなくチョコレートをより健康的にすることができる

3 含有される脂肪と砂糖の組み合わせが、人々がチョコレートを喜んで食べる主な理由だ

4 フルーツのような味のチョコレートは当然他の種類のチョコレートよりも健康的だ

解説 第4パラグラフ第3文で it is possible to replace the fruit juice with water and vitamin C in order to maintain a purely chocolate flavor (純粋にチョコレートの風味を維持するためにフルーツジュースの代わりに水とビタミンCを使用することが可能だ) と科学者が発見したとある。また、最終文ではこうすればより健康的なチョコレートになると書かれている。

No. 1

◀ 24

スクリプト **W:** Bernard, how did you get that scar on your knee?

M: Haven't you noticed it before, Cathy? I've had it for most of my life. I fell off my bicycle when I was a kid.

W: Really? That must have hurt.

M: Yeah, it did. My knee was bleeding a lot, and my mother had to take me to the hospital.

Question: What was Bernard doing when he got hurt?

訳 女性：バーナード、膝のその傷はどうしたの?

男性：キャシー、今まで気づかなかった? ずいぶん前からある傷だけど。子供の頃自転車から落ちたんだよ。

女性：本当に? 痛かったでしょうね。

男性：うん、痛かったよ。膝からたくさん血が出たから、母親に病院に連れていってもらわなきゃいけなかったんだ。

質問：バーナードは怪我をしたとき何をしていたか。

正解 3

選択肢の訳 1 友達とスポーツをしていた。　　2 母親とドライブしていた。
3 自転車に乗っていた。　　　　　4 キャシーと話していた。

解説 最初の発言で自分の傷についてバーナードは I fell off my bicycle when I was a kid (子供の頃自転車から落ちた) と述べているので、素直に 3 を選ぶ。彼の 2 回目の発言は、彼が怪我をした後の状況説明なので問題の内容とは関係がない。

No. 2

スクリプト M: Excuse me. I need to get to a coffee shop called Fresh Roast.
W: Oh, yes. It's above the flower shop over there.
M: Right. Someone else told me that it was there, but I didn't see any stairs anywhere.
W: Yeah. They're not easy to find. Let me show you.
Question: Why couldn't the man get to the coffee shop?

訳 男性：すみません。フレッシュ・ローストというコーヒーショップに行きたいんですが。
女性：ああ、はい。向こうの花屋さんの上です。
男性：なるほど。あそこにあると教えてくれた人が他にもいたんですが、どこにも階段が見当たらないんですよ。
女性：ええ。簡単には見つからないでしょうね。案内しましょう。
質問：男性がコーヒーショップに行けなかったのはなぜか。

正解 **4**

選択肢の訳 1 間違った通りにいる。　　2 間違った建物を探した。
3 店の名前を知らなかった。　　4 階段を見つけられなかった。

解説 探している店の場所を女性に教えてもらった男性が、他の人にも同じように教えてもらったと言っている。場所は分かったのに店に行けない理由についてI didn't see any stairs anywhere（どこにも階段が見当たらない）と述べているので、4が正解。

No. 3

26

スクリプト　W: Here are the ticket machines, Mark. You'll find them at most train stations in Japan. They're usually near the ticket gates.

M: I see. Could you show me how to use one, Hinako?

W: Sure. First, push this button for instructions in English. Then, choose the correct fare for your destination. Finally, pay for the ticket by putting in your money here.

M: I see. That doesn't look too difficult.

Question: What is the woman doing for the man?

訳　女性：マーク、これが券売機よ。日本のほとんどの駅にあるでしょう。大体改札の近くにあるわよ。

男性：なるほど。ヒナコ、使い方を教えてくれる？

女性：いいわよ。まず、このボタンを押して英語の指示を表示して。それから、目的地に合った正しい運賃を選んで。最後に、ここにお金を入れて切符の代金を支払ってね。

男性：なるほど。それほど難しそうじゃないね。

質問：女性は男性のために何をしているか。

正解　3

選択肢の訳　1 彼を電車の博物館に連れて行く。
2 機械からお釣りを受け取る。
3 切符の購入方法を説明する。
4 駅の地図を見せる。

解説　冒頭部分で日本に滞在する外国人男性が駅の券売機の前にいることを押さえる。男性が Could you show me how to use one, Hinako?（ヒナコ、使い方を教えてくれる？）と依頼すると、女性が Sure（いいわよ）と応じて説明していることが分かれば、問題に答えることができる。

No. 4

スクリプト

M: Ms. Gray, why do you want to work for a French company?

W: Well, I spent a year studying in France, Mr. Girard. I'd like to use the French I learned while I was there.

M: OK. If you were to get the job, you'd be required to go to Paris a few times a year. Would that be a problem?

W: Certainly not. I'd welcome the opportunity.

Question: What is one thing we learn about the woman?

訳

男性：グレーさん、なぜフランスの会社に勤めたいのですか？

女性：ええと、私は1年間フランスで勉強していたんです、ジラードさん。滞在中に学んだフランス語を使いたいんです。

男性：なるほど。この仕事に就くのであれば、年に何回かパリに行ってもらう必要があります。そうなると困りますか。

女性：もちろん問題ありません。喜んでお引き受けします。

質問：女性について分かることは何か。

正解 4

選択肢の訳

1 フランス語を勉強したことがない。

2 昨年何度かフランスへ旅行した。

3 かつてフランスの会社で働いていた。

4 以前フランスに行ったことがある。

解説

男性の最初の発言から、仕事の面接で彼が面接官として女性に質問しているという状況を把握する。女性は志望理由について I spent a year studying in France（私は1年間フランスで勉強していた）と述べているので、それを言い換えた4が正解。渡航時期について会話では示唆されていないので、2は適合しない。

No. 5

◀28

スクリプト Peter went to a coffee shop yesterday. While he was there, he saw his favorite author sitting at a table. Peter wanted to talk to her, but she was busy on her laptop computer. He waited until she closed her computer and then went over to tell her that he loves her books. They talked for a while before she had to leave. Peter was happy that he had met her.

Question: What did Peter do at a coffee shop yesterday?

訳 ピーターは昨日コーヒーショップに行った。その店にいるとき、彼のお気に入りの作家がテーブルに座っているのが見えた。ピーターは彼女に話しかけたかったが、彼女はノート型パソコンを使って忙しく作業していた。彼女がパソコンを閉じるまで待ってから、彼は彼女の元へ行って彼女の本が大好きだと伝えた。彼女が店を出なければいけなくなるまで、彼らはしばらく話をした。ピーターは彼女に会えて嬉しかった。

質問：ピーターは昨日コーヒーショップで何をしたか。

正解 4

選択肢の訳 1 電話でおしゃべりした。   2 本を書き始めた。
3 自分のパソコンで作業した。   4 大好きな作家と話した。

解説 登場人物はピーターと彼が好きな作家の2人だが、2人の動作を混同しないようにしよう。ピーターが作家を見かけたとき彼女はパソコンで作業していて、その作業が終わってからピーターが彼女に話しかけ、They talked for a while（彼らはしばらく話をした）という流れがつかめればそれで十分だ。

No. 6

29

DAY 1 DAY 2 DAY 3 DAY 4 DAY 5 DAY 6 DAY 7 DAY 8 DAY 9 DAY 10

スクリプト Some universities in the United States provide students with small machines called clickers. Clickers have buttons on them, and when a professor asks a question in class, students can answer it immediately by pressing one of the buttons. The professor can then look at the responses right away on a computer. Thanks to clickers, professors can see if students are understanding the class.

Question: Why are clickers helpful at some universities?

訳 アメリカの一部の大学は、クリッカーと呼ばれる小さな機械を学生に提供している。クリッカーにはボタンがついていて、教授がクラスで質問をしたときに学生はボタンの1つを押すことによって直ちにそれに答えることができる。そして、教授はコンピューターで生徒の回答を即座に見ることができる。クリッカーのおかげで、教授は学生が授業を理解しているかどうかを確かめることができる。

質問：なぜ一部の大学でクリッカーが役立っているのか。

正解 4

選択肢の訳
1 生徒はそれらを使ってより上手く自宅で学習することができる。
2 生徒はそれらを使っていつでも教授と話すことができる。
3 教授はそれらを使って少人数制クラスを教えることができる。
4 教授はそれらを使って生徒が授業を理解しているかどうかを確認することができる。

解説 アメリカの大学で使われている装置について説明されている。その形状や仕組みについて述べられてから、Thanks to clickers, professors can see if students are understanding the class（クリッカーのおかげで、教授は学生が授業を理解しているかどうかを確かめることができる）と締めくくられているので、同じ内容の4が正解。

No. 7

◀30

スクリプト Pangolins are small animals that live in Africa and Asia. They eat insects, and they have special skin that is very tough. When pangolins are scared, they roll up into a ball to protect themselves. In fact, their name comes from a Malaysian word which means "to roll up." Unfortunately, pangolins are hunted for their meat and skin, so there are not many of them left.

Question: What is true about pangolins?

訳 パンゴリン (センザンコウ) はアフリカとアジアに住む小さな動物だ。彼らは昆虫を食べ、非常に頑丈な特別な皮膚を持つ。パンゴリンは怖がると、身を守るためにボールのように丸まる。実際に、その名前は「丸まる」を意味するマレーシア語の単語に由来する。残念ながら、パンゴリンは肉や皮膚を手に入れるために捕獲されていて、生き残っている個体は多くない。

質問：パンゴリンについて当てはまることは何か。

正解 3

選択肢の訳 1 アジアからアフリカにやって来た。
2 小さな種類の虫だ。
3 丸まってボールの形になることができる。
4 他のパンゴリンを捕獲する。

解説 トピックは動物の生態だ。生息地と食性、体の特徴について説明されてから、they roll up into a ball to protect themselves (身を守るためにボールのように丸まる) とあるので、同じ内容の3が正解。残りの選択肢には本文中の語句が使われているが、いずれも内容が異なる。

No. 8

スクリプト Thank you for shopping at Electronic Mart today. The new AUX notebook computer arrived last week and has already received great reviews online. Many stores are selling it, but at Electronic Mart you can get it for 20 percent off its normal price. The sale is for this weekend only, so don't miss out on this great deal!

Question: What is one thing the speaker says about the new AUX notebook computer?

訳 本日はエレクトロニックマートでお買い物いただきありがとうございました。新しい AUX ノート型パソコンが先週到着し、すでにオンライン上で素晴らしいレビューをいただいています。多くの店で販売されていますが、エレクトロニックマートでは通常価格の 20 パーセント引きで購入できます。このセールは今週末だけですので、このお買い得品をお見逃しなく。

質問：話し手は新しい AUX ノート型パソコンについて何と話しているか。

正解 4

選択肢の訳 1 客はそれについてオンライン上で悪いレビューを書いた。
2 客はオンラインでのみその割引を受けることができる。
3 エレクトロニックマートでのみ購入できる。
4 エレクトロニックマートでより安く販売されている。

解説 電器店でのアナウンスだ。新型のパソコンについて発売開始時期とネット上での評価、販売店の多さについて説明されてから、at Electronic Mart you can get it for 20 percent off its normal price（エレクトロニックマートでは通常価格の 20 パーセント引きで購入できます）と述べられているので、この内容を簡潔に言い換えた 4 が正解。

重要表現集 2
[理由を示す]

　自分の意見を述べたら、その根拠を示しましょう。いずれも議論の展開を示す重要な表現ですので、しっかりと覚えましょう。

理由を示す

□ その主な理由は…だ	It's mainly because ...
□ …ということが～の長所である	The best part of ～ is that ...
□ …である理由は～することだ	The reason why ... is to ～
□ その結果…ということになる	which means that ...

順序立てて説明する

□ 第 1 に… / 第 2 に… / 第 3 に…	Firstly, ... / Secondly, ... / Thirdly, ...
□ そうは言っても…	but at the same time ...
□ そうすれば…	Following this, ...
□ 第 1 に… / 最後に…	In the first place ... / Last of all ...

情報を加える

□ それに加えて	and what's more
□ さらに	in addition
□ さらに	furthermore
□ おまけに	on top of that

言い換える

□ つまり	that is to say
□ すなわち	specifically
□ 言い換えれば	in other words
□ つまり…	namely that ...

結果を示す

□ したがって	therefore
□ 結果的に	consequently
□ したがって	accordingly
□ したがって	thus

DAY 3

ミニ模試

英作文

[目標解答時間：20分]

英作文

- 以下の TOPIC について、あなたの意見とその理由を 2 つ書きなさい。
- POINTS は理由を書く際の参考となる観点を示したものです。ただし、これら以外の観点から理由を書いてもかまいません。
- 語数の目安は 80 語～ 100 語です。
- 解答が TOPIC に示された問いの答えになっていない場合や、TOPIC からずれていると判断された場合は、0 点と採点されることがあります。TOPIC の内容をよく読んでから答えてください。

TOPIC

Some people say that playing sports helps children become better people.
Do you agree with this opinion?

POINTS

- *Health*
- *Personal interests*
- *Teamwork*

　　　　「早わかりガイド」では、英作文問題の採点基準と取り組む手順を確認してから、実際に解答を作成していただきました。今日から 2 日おきに演習をこなしていきます。もしも解答の 4 つの Step を思い出せないようなら「早わかりガイド」を読み返して手順を確認してください。トレーニング 1 で内容と構成に注意を払いながら解答を作成したら、「文法間違い探しトレーニング」と「頻出分野重要語句リスト」で文法と語いの強化に取り組みましょう。

MEMO

DAY 1

DAY 2

DAY 3

DAY 4

DAY 5

DAY 6

DAY 7

DAY 8

DAY 9

DAY 10

■ トレーニング 1

いきなり英語で書き始めようとしても行き詰まってしまいます。4つの Step で着実に解答を作成していきましょう。高評価される解答にするには、問題の指示を確認しながら内容について考え、決まったパターンの英文を書くのが鉄則です。

Step 1 アイディアを書き出す

まず、ポイントごとに思いつくアイディアを書き出してみましょう。

トピックの訳

スポーツをすることが子どもがより良い人間になるのに役立つという人たちがいる。あなたはこの意見に同意するか。

POINTS

* *Health* 健康

  _____

* *Personal interests* 個人的な利益

  _____

* *Teamwork* チームワーク

  _____

Step 1 の記入例

POINTS

* *Health* 健康

  体に良い→やりすぎ→けが

* *Personal interests* 個人的な利益

  気分転換になる

* *Teamwork* チームワーク

  団体競技だけではない、個人競技→競争心をあおる

Step 2 構想を考える

　まず、 Step 1 で書き出したアイディアをもとに自分の立場を決めてから、その理由としてふさわしいアイディアを 2 つ選んでください。その上で、4 つの下線部の内容を具体的に記していきましょう。こうすることで解答の Introduction・Body・Conclusion（導入・本論・結論）の 3 部構成の形が出来上がります。

導入

（ 同意する／同意しない ）

_____

2つの理由がある。

本論

理由1 _____

理由2 _____

結論

_____

Step 2 の記入例

導入

（ 同意する／同意しない ）

スポーツをすることが必ずしも子どもに良いとは限らない。

2つの理由がある。

本論

理由1　体→試合のため練習しすぎて無理をしたりけがをすることがある。

理由2　性格→個人競技だと利己的な競争心が強すぎる場合がある。

結論

身体的にも精神的にも良い影響ばかりではない。

英語でアウトラインを作る

の日本語の構想をもとに、英語で各文の内容を簡条書きにしましょう。

Introduction

① I (agree / disagree) with the opinion.

② _____

③ I have two reasons for this claim.

Body

Reason 1: ① _____

        ② _____

Reason 2: ① _____

        ② _____

Conclusion

In conclusion, ① _____

Step 3 の記入例

Introduction

① I (~~agree~~ / disagree) with the opinion.

② Playing sports isn't always good for children. _____

③ I have two reasons for this claim.

Body

Reason 1: ① playing sports can be bad for bodies _____

        ② training too hard → injuries _____

Reason 2: ① individual sports → competitive _____

        ② competitive attitude → selfish _____

Conclusion

In conclusion, ① injuries & lack of cooperative attitude _____

        → sports isn't necessarily beneficial _____

Step 4 解答を仕上げる

Step 3 で箇条書きだった内容を完全な英語の文にして解答を作成しましょう。

解答

_____

_____

_____

_____

_____

_____

Step 4 の記入例

解答例

I disagree with the opinion. Playing sports isn't always good for children. I have two reasons for this claim. First, playing sports can do children's bodies more harm than good. Some children train themselves too hard to win and it sometimes causes physical problems such as injuries and pains. Second, in individual sports like tennis and judo, players are likely to be too competitive. Such attitude often makes children's personality rather selfish. In conclusion, because some children might be injured and lack a cooperative attitude, playing sports isn't necessarily beneficial to children's education.

(92 words)

解答例訳

私はその意見に賛成しない。スポーツをすることは子どもにとって常に良いわけではない。この主張について 2 つの理由がある。第 1 に、スポーツをすることは子どもの体に益よりも害となることがある。一部の子どもたちは勝つために練習しすぎて、時としてけがや痛みといった身体的な問題を引き起こす。第 2 に、テニスや柔道といった個人競技においては、選手は競争心を持ちすぎる傾向がある。そのような態度はしばしば子どもの性格をやや自己中心的にする。結論として、子どもはけがをしたり、協調的な態度を欠くことになるかもしれないので、スポーツをすることが必ずしも子どもの教育に益とはならない。

　前コーナーでは、段階的に英作文の解答を作成しました。ここでは Step 4 の解答例を使って和文英訳にチャレンジします。左ページの日本語文を見た瞬間に右ページの解答例の英文が書けるようになるまで何度も練習しましょう。文章を展開していく上でのヒントと表現の要点も挙げられていますので、参考にしてください。

導入

1 私はその意見に賛成しない。

2 スポーツをすることは子どもにとって常に良いわけではない。

3 この主張について 2 つの理由がある。

理由 1

1 第 1 に、スポーツをすることは子どもの体に益よりも害となることがある。

1 I disagree with the opinion.

構成 まず意見に賛成 (agree) か不賛成 (disagree) かをはっきり述べる。

表現 agree と disagree には前置詞 with を忘れずにつける。

2 Playing sports isn't always good for children.

構成 不賛成の主張の内容を書く。

表現 not always は部分否定で「必ずしも〜ではない」の意味。

3 I have two reasons for this claim.

構成 理由を導入する文を書く。

表現 reason for 〜「〜の理由」。前置詞は for を用いる。

1 First, playing sports can do children's bodies more harm than good.

構成 まず身体的な問題について述べる。

表現 do 〜 harm「〜に害となる」、can は可能性「あり得る、ことがある」。

117

2 一部の子どもたちは勝つために練習しすぎて、時としてけがや痛みといった身体的な問題を引き起こす。

理由 2

1 第 2 に、テニスや柔道といった個人競技においては、選手は競争心を持ちすぎる傾向がある。

2 そのような態度はしばしば子どもの性格をやや自己中心的にする。

結論

1 結論として、子どもはけがをしたり、協調的な態度を欠くことになるかもしれないので、スポーツをすることが必ずしも子どもの教育に益とはならない。

2 Some children train themselves too hard to win and it sometimes causes physical problems such as injuries and pains.

> ─構成─ 前文を受けてより詳しく体にどのような問題があるのか述べる。

> ─表現─ some「一部の〜」、train oneself「鍛える」、such as 〜「（例えば）〜のような」。

1 Second, in individual sports like tennis and judo, players are likely to be too competitive.

> ─構成─ 続いて、性格形成に関わる問題を述べていく。

> ─表現─ be likely to V「V しそうだ、V しがちだ」

2 Such attitude often makes children's personality rather selfish.

> ─構成─ 前文で指摘した内容を発展させる。

> ─表現─ make O C「O を C にする」、rather「やや〜」。

1 In conclusion, because some children might be injured and lack a cooperative attitude, playing sports isn't necessarily beneficial to children's education.

> ─構成─ 2 つの理由を踏まえて結論を簡潔にまとめる。**might be injured**「けがをするかもしれない」で身体的な問題を、**lack a cooperative attitude**「協力的な態度がない＝利己的」で性格の問題を示す。

> ─表現─ 「けがをする」は **be injured** と受け身で表す。

文法間違い探しトレーニング2
[動詞と準動詞]

動詞の使い方の基礎中の基礎を見ていきます。盲点となっている知識はありませんか。しっかり確認しましょう。

進行形

11 What do you do next weekend?
次の週末は何をしますか。

12 Is this price including tax?
この価格は税込みですか。

完了形

13 When I met him, he just returned from work.
彼に会いましたが、ちょうど仕事から戻ったところでした。

14 Have you ever shared a room while you were young?
若い頃にルームシェアをしたことがありますか。

自動詞と他動詞

15 I will be discussing about the problem with colleagues tomorrow.
その問題については明日、同僚たちと話し合います。

16 I married with her in 2020.
私は彼女と2020年に結婚しました。

不定詞と動名詞

17 I didn't even remember to get home.
私は帰宅したことさえ覚えていませんでした。

18 Please remember including a contact number.
連絡先を忘れずにご記入願います。

現在分詞と過去分詞

19 We make beer used traditional methods.
弊社は伝統的製法を使用してビールを生産しております。

20 The journalist tends to ask a lot of embarrassed questions.
その記者は厄介な質問をたくさんしてくる傾向があります。

11 正解 What are you doing next weekend?
解説 進行形には近い未来を表す用法がある

12 正解 Does this price include tax?
解説 include「…を含む」は状態動詞なので進行形にしない

13 正解 When I met him, he had just returned from work.
解説 過去形の met よりもさらに過去の出来事なので過去完了形にする

14 正解 Did you ever share a room while you were young?
解説 現在完了形は過去を表す while you were young と一緒に使えない

15 正解 I will be discussing the problem with colleagues tomorrow.
解説 discuss は他動詞なので about は不要

16 正解 I married her in 2020.
解説 「…と結婚する」の意味で marry は他動詞であり直接目的語をとる

17 正解 I didn't even remember getting home.
解説 remember doing「…したことを覚えている」、動名詞は過去志向

18 正解 Please remember to include a contact number.
解説 remember to do「忘れずに…する」、to 不定詞は未来志向

19 正解 We make beer using traditional methods.
解説 分詞構文では接続詞と主語を取り、残りの動詞を現在分詞〜 ing にする

20 正解 The journalist tends to ask a lot of embarrassing questions.
解説 embarrassing「(人を)困惑させるような、厄介な」

頻出分野別表現リスト3 [社会・文化]

特に日本の社会や文化に関連したトピックを4つ取り上げます。重要表現を覚えて議論をする準備をしておきましょう。

高齢化社会 *Aging Society*

□ 急速な高齢化社会 短所	the rapid graying of society
□ 労働力人口の減少 短所	a decline in working population
□ 税収の減少 短所	a decline in tax revenue
□ 年金制度の崩壊 短所	the collapse of the pension scheme
□ 低下し続ける出生率 短所	declining birthrate

人口減少 *Population Decline*

□ 人口減少の原因	the cause of population decline
□ 非正規雇用者の増加	a rise in temporary workers
□ 未婚率	the percentage of unmarried people
□ 高騰する教育費	the rising costs of education
□ 女性の権利拡大	female empowerment

ポップカルチャー *Pop Culture*

□ 基幹産業の1つになる 長所	become one of the basic industries
□ 漫画のヒーローの影響力 長所	clout of comic book superheroes
□ 多大な影響力を持つゲーム 長所	highly influential video games
□ 日本を知る出発点 長所	a starting point for knowing Japan
□ 政治的に厄介な問題でない 長所	not a politically sensitive issue

伝統文化 *Traditional Culture*

□ 伝統文化の衰退	the decline of traditional culture
□ 茶道の経験がない	have no experience of tea ceremony
□ 幅広い趣味の選択肢	various options for hobbies
□ 後継者不足に悩む	suffer from a lack of successors
□ 落語の言葉の壁	the language barrier in rakugo

DAY 4
ミニ模試

筆記試験・リスニングテスト

[目標解答時間：15 分＋リスニング]

目標解答時間 > 15分

1 次の（1）から（5）までの（　　　　）に入れるのに最も適切なものを 1, 2, 3, 4 の中から一つ選びなさい。

（1） When Elizabeth Beckingham, the famous movie star, came out of the car, she was (　　　　) by a big crowd of fans. It was hard for her to move through so many people.

    1 traded   2 surrounded
    3 immigrated   4 corrected

（2） The students had difficulty understanding some (　　　　) in the textbook, so the professor had to take extra time in class to explain them.

    1 whispers   2 deposits
    3 concepts   4 apologies

（3） A: I heard that Paula has moved into your house. Is it true?
    B: Yes, but it's only (　　　　). Her new apartment will be ready in a few weeks.

    1 temporary   2 brilliant
    3 entire   4 portable

（4） A thief broke (　　　　) Jack's shop late last night and stole a lot of valuable jewelry.

    1 into   2 under
    3 up   4 out

（5） Janet knew she had to be very quiet when she got home late last night. Otherwise, she (　　　　) her family up.

  1 would wake   **2** did wake

  3 woke   **4** waking

次の英文を読み、その文意にそって（6）から（8）までの（　　　）に入れるのに最も適切なものを 1, 2, 3, 4 の中から一つ選びなさい。

The Benefits of Touch

Humans have five important senses they use to understand the world – sight, hearing, smell, taste, and touch. Of these, people tend to think hearing and sight are (6). However, some experts believe touch is just as necessary for human communication, relationships, and health. This should not be surprising because touch is actually the first sense that babies develop. Moreover, there is now evidence that touch also has the ability to reduce anxiety and heal the body.

For example, a researcher named James Coen found that holding a loved one's hand can reduce stress. Using an MRI machine, Coen examined the brains of a group of married women. When a woman knew she would receive an electric shock to her ankle, the areas of her brain related to fear became active. However, when her husband touched her hand, (7) in those areas. Coen found that the women also felt less fear even when their hand was touched by a stranger, but to a lesser degree.

Other studies have looked at the effects that different kinds of touch, such as massage, have on health. In one study, it was found that massage causes a decrease in certain chemicals in the body called cytokines. These chemicals cause the body to feel pain. (8), massage could be particularly helpful for people suffering from frequent pain as a result of autoimmune disorders – diseases where the body attacks itself. In response to these discoveries, many more doctors are now using touch to treat people for both mental and physical problems.

(6)　**1** the most difficult
　　　2 more useful than smell
　　　3 the most important
　　　4 more annoying than taste

(7)　**1** she became cold
　　　2 she felt pain
　　　3 feelings became clearer
　　　4 brain activity dropped

(8)　**1** To make matters worse
　　　2 As usual
　　　3 Even so
　　　4 For this reason

DAY 1
DAY 2
DAY 3
DAY 4
DAY 5
DAY 6
DAY 7
DAY 8
DAY 9
DAY 10

次の英文の内容に関して、(9)から (11)までの質問に対して最も適切なもの、または文を完成させるのに最も適切なものを 1, 2, 3, 4 の中から一つ選びなさい。

From: Janice Walsh <janice.walsh@braxton.com>
To: All Staff <all_staff@braxton.com>
Date: June 1
Subject: Office repairs

Dear staff members,

I am writing today to inform everyone that there will be some work done to our office building starting next Monday. The electrical system is old and has needed repairs for some time. Since last year's sales were so strong, we have decided to use some of the profits to make repairs and other improvements to the whole building.

The company has decided to make improvements to only one part of the building at a time, so we can still work in the building during construction. Next week, construction will begin on the north side of the building, and it will last for about one month. During that time, the stairs on that side of the building will be closed, so please use the south stairs.

In addition, the bathrooms on the third floor will be closed. If you need to use the bathroom, please use the ones on the first or fifth floor. Also, the north side parking lot will be closed because the construction company will need that space for their equipment. Please park in the south or the east parking lot. After the construction to the north side is done, construction on the south side will begin.

Thank you,
Janice Walsh
Building Manager
Braxton Industries

（9） What is one reason Braxton Industries will improve its building?

    1 It needs a larger building for its new employees.

    2 It has some free time to start construction.

    3 It wants to fix problems with the electrical system.

    4 It is trying to improve its company image.

（10） Starting next week, staff members of Braxton Industries

    1 must use the stairs on the south side of the building.

    2 must not use the elevator in the central part of the building.

    3 will be asked to move equipment to other parts of the office.

    4 will not be allowed to enter the office building.

（11） What will happen after repairs on the north side are complete?

    1 Repairs will be done on a number of the bathrooms.

    2 Construction will begin on another part of the building.

    3 The construction company will gain some more space.

    4 The parking lots on the east side of the building will close.

DAY 1
DAY 2
DAY 3
DAY 4
DAY 5
DAY 6
DAY 7
DAY 8
DAY 9
DAY 10

◀ 32 >>> 35

第1部 対話を聞き、その質問に対して最も適切なものを 1, 2, 3, 4 の中から一つ選びなさい。

No. 1

1 It was painted in France.

2 It will be sent abroad next month.

3 It was painted for next month's exhibition.

4 It was bought by the gallery in the 1920s.

No. 2

1 She will work on it tomorrow.

2 She will use a different computer.

3 She will give the job to someone else.

4 She will get help from the man.

No. 3

1 His friend cannot meet him for lunch.

2 He cannot order what he wanted.

3 There is no more clam chowder.

4 The salmon pasta is not very good.

No. 4

1 He wants to show Dorothy a stain on it.

2 He has to take it on a business trip.

3 He wants to wear it to a meeting.

4 He has to take it to the dry cleaner's.

| 第2部 | 英文を聞き、その質問に対して最も適切なものを 1, 2, 3, 4 の中から一つ選びなさい。 |

No. 5

1 By studying harder for her tests.
2 By asking her friend to teach her.
3 By learning how to write better papers.
4 By starting a study group with other students.

No. 6

1 They are a drink made from milk.
2 They are a dish made from corn.
3 They are originally from Europe.
4 They are usually eaten in the evening.

No. 7

1 The play will begin.
2 The actors will come to the tables.
3 There will be a short break.
4 There will be a dinner.

No. 8

1 Ralph wants to move out.
2 Scott uses too much water.
3 They have been fighting.
4 Their neighbor is too loud.

■ 正解一覧

筆記試験

(1)	(2)	(3)	(4)	(5)
2	3	1	1	1

2

(6)	(7)	(8)
3	4	4

3

(9)	(10)	(11)
3	1	2

リスニングテスト

1

No. 1	No. 2	No. 3	No. 4
1	4	2	3

2

No. 5	No. 6	No. 7	No. 8
3	2	1	3

■ 訳と解説

筆記1 短文の語句空所補充

（1） 正解 **2**

訳　有名な映画スターのエリザベス・ベッキンガムが車から降りたとき、彼女は大勢のファンに囲まれた。彼女がそんなに多くの人たちの中を移動するのは困難だった。

　　1 売買された　　**2** 囲まれた　　**3** 移住した　　**4** 訂正された

解説　女性映画スターが車から降りた後の状況が問われている。It was hard for her to move through so many people（彼女がそんなに多くの人たちの中を移動するのは困難だった）とあるので、周囲に人がたくさんいる状況なのだと考えられる。

（2） 正解 **3**

訳　生徒が教科書の中のいくつかの概念を理解するのに苦労していたので、教授はそれらを説明するのに授業でさらに時間をかけなければいけなかった。

　　1 ささやき　　**2** 預金　　**3** 概念　　**4** 謝罪

解説　（　　　）in the textbook とあるので、空所に入る単語は教科書の中に書かれている事柄を指すのだと分かる。extra time in class to explain them（それらを説明するのに授業で追加の時間）が必要だったともある

ので、理解するのに時間がかかるものとして、3 が選べる。

（3）　正解　1

訳　A：ポーラが君の家に引っ越したって聞いたけど、本当？
　　B：ええ、でも一時的によ。数週間したら彼女は新しいアパートに住めるように
　　　　なるから。

　　1　一時的な　　　2　素晴らしい　　3　全体の　　　4　持ち運び可能な

解説　B の人物は自分が住む家にポーラが引っ越してきたことが事実だと認めつ
つも、しばらくして Her new apartment will be ready（彼女は新しい
アパートに住めるようになる）とも述べている。2 人は長期間一緒に住む
わけではないので、短い期間を表す 2 が正解。

（4）　正解　1

訳　泥棒が昨晩遅くにジャックの店に押し入り、高価な宝石をたくさん盗んだ。

　　1　into　　　　　2　under　　　　3　up　　　　　4　out

解説　泥棒が stole a lot of valuable jewelry（高価な宝石をたくさん盗んだ）
とあるが、その前にジャックの店に侵入する必要がある。よって、空間の中
への移動を表す前置詞 into が適切だ。break into で「建物などに不法
に入り込む」という意味の句動詞になる。

（5）　正解　1

訳　ジャネットは昨晩帰宅が遅くなったときにとても静かにしなければいけない
と分かっていた。そうしないと、彼女は家族を起こしてしまうことになっただ
ろう。

　　1　would wake　　2　did wake　　3　woke　　　4　waking

解説　2 つの文が表す内容は last night（昨晩）のことだということを押さえ
る。空所には過去形の述語動詞を入れることになるが、Janet knew she
had to be very quiet（ジャネットはとても静かにしなければいけないと
分かっていた）とあるので、実際に家族を起こしてしまったとは考えられ
ない。未来を表す助動詞 will の過去形 would を含む 1 が正解。

手で触れることの利点

　人間は自分の周りの世界を理解するために5つの重要な感覚を使っている。すなわち、視覚、聴覚、嗅覚、味覚、触覚だ。これらのうち、人々は聴覚と視覚が最も重要であると考える傾向がある。しかし、専門家の中には、人間のコミュニケーション、人間関係と健康のために触覚も同じくらい必要だと考える専門家もいる。これは驚くべきことではない。実際、触覚は赤ちゃんが発達させる最初の感覚なのだ。さらに、触れられることで不安を軽減し、身体を癒すことができるという証拠もある。

　たとえば、ジェームズ・コーエンという研究者は、愛する人の手を握ることでストレスを軽減できることを発見した。MRI装置を使用して、コーエンは既婚女性のグループの脳を調べた。女性は足首に電気ショックを受けることを知っていたとき、彼女の脳の恐怖に関わる領域が活発になった。しかし、彼女の夫が彼女の手に触れると、脳の活動がそれらの領域で減少した。女性の手が見知らぬ人に触れられたときでも恐怖感が減少するが、夫の場合と同じ程度にはならないことをコーエンは突き止めた。

　他の研究では、マッサージのような異なった種類の接触が健康に及ぼす影響が調べられた。ある研究では、マッサージが体内でサイトカインと呼ばれる特定の化学物質の減少を引き起こすことがわかった。これらの化学物質は体に痛みの感覚を生じさせる。このため、身体が自らを攻撃する病気である自己免疫疾患の結果として頻繁に起こる痛みに苦しんでいる人々に対して、マッサージは特に役立つ。これらの発見を受けて、精神と身体の両方の問題で人々を治療するのに触覚を利用する医師が現在ますます増えている。

（6）　正解　3

選択肢の訳　1　最も難しい　　　　　　　　2　嗅覚よりも便利
　　　　　　　3　最も重要　　　　　　　　　4　味覚よりわずらわしい

解説　空所を含む文は hearing and sight（聴覚と視覚）についての説明だが、それらは前文で重要な感覚の一部として挙げられている。空所の直後には However（しかし）が置かれ、touch is just as necessary（触覚も同じくらい必要だ）と続くので、hearing and sight についても necessary に近い意味の表現を選ぶ。

（7）　正解　4

選択肢の訳　1　女性は寒くなった　　　　　2　女性は痛みを感じた
　　　　　　　3　気持ちがより明確になった　4　脳の活動が減少した

解説　空所を含む文が逆接の接続副詞 However（しかし）で始まっているのに注目する。前文を確認すると the areas of her brain related to fear became active（彼女の脳の恐怖に関わる領域が活発になった）とあり、その後に However を挟んで空所が続くので、空所には対照的な内容が入るはずだ。

（8）　正解　4

選択肢の訳　1　さらに悪いことに　　　　　2　いつもどおり
　　　　　　　3　それでも　　　　　　　　　4　このため

解説　空所の前ではマッサージによって体内の痛みの原因物質サイトカインが減少すると説明されている。空所の後の内容を確認すると、massage could be particularly helpful for people suffering from frequent pain（頻繁に起こる痛みに苦しんでいる人々に対して、マッサージは特に役立つ）とあるので、因果関係を示す表現を選ぶ。

送信者：ジャニス・ウォルシュ <janice.walsh@braxton.com>
宛先：全従業員 <all_staff@braxton.com>
日付：6月1日
件名：事務所の修繕

- -

従業員各位

今日は来週の月曜日から私たちの事務所ビルで工事が行われることを皆さんにお知らせします。電気系統が古くなり、以前から修理が必要でした。昨年の売り上げが非常に好調だったので、収益の一部を使ってビル全体の修理やその他の改修を行うことにしました。

当社は一度にビルの一部だけを改修することにしたので、建設工事の期間でもビルで働くことができます。来週にビルの北側で建設作業が始まり、約1ヶ月間続きます。その間、ビルの北側にある階段は閉鎖されますので、南側の階段を使ってください。

また、3階のトイレが閉鎖されます。トイレを使用する必要がある場合は、1階または5階のものを使用してください。また、建設会社が設備用のスペースを必要とするので北側の駐車場が閉鎖されます。南側か東側の駐車場に駐車してください。北側の建設工事が終わったら、南側の工事が始まります。

よろしくお願いします。

ジャニス・ウォルシュ

ビル管理主任

ブラクストン工業

（9）　正解　3

　訳　　ブラクストン工業が自社ビルを改修する1つの理由は何か。

1　新入社員のためにより大きなビルが必要だ。
2　建設工事に着手する自由時間がある。
3　電気系統の問題を解決したいと思っている。
4　会社のイメージを改善しようとしている。

　解説　まず、Eメールの件名に Office repairs（修繕）とあるのを押さえる。その必要性については、第1パラグラフ第2文で The electrical system is old and has needed repairs for some time（電気系統が古くなり、以前から修理が必要でした）と説明されているので、内容的に3が一致する。

（10）　正解　1

　訳　　来週からブラクストン工業の従業員は

1　ビルの南側にある階段を使わなければいけない。
2　ビルの中央部のエレベーターを使用してはいけない。
3　設備を事務所の他の場所に移動するように求められる。
4　事務所ビルへの入場を許可されない。

　解説　来週については第2パラグラフで説明されている。第2文で Next week, construction will begin on the north side of the building（来週にビルの北側で建設作業が始まる）とあり、さらに第3文でこの期間中は please use the south stairs（南側の階段を使ってください）と依頼しているので、同じ内容の1を選ぶ。

正解　2

訳　北側の修理が完了した後はどうなるか。

1 多数のトイレで修理が行われる。
2 ビルの別の部分で建設作業が始まる。
3 建設会社がもう少しスペースを取るようになる。
4 ビルの東側の駐車場が閉鎖される。

解説　第3パラグラフ最終文で After the construction to the north side is done, construction on the south side will begin（北側の建設工事が終わったら、南側の工事が始まります）と書かれているので、on the south side を on another part of the building と言い換えた2が正解。

No. 1

◀32

スクリプト　W: I really like this painting. Can you tell me a little bit about it?

M: Of course. The artist painted it while he was living in France in the 1920s.

W: Do you know where I can see other works by the same artist?

M: Actually, we're going to have a special exhibition of his paintings at the gallery next month.

Question: What does the man say about the painting?

訳　女性：本当にこの絵が大好きなんですけど、少し説明してもらえますか。

男性：もちろんいいですよ。この絵は画家が 1920 年代にフランスに住んでいた時に描いたものです。

女性：同じ芸術家の他の作品はどこで見れるんでしょうか？

男性：実は、来月美術館で彼の絵画の特別展を開く予定です。

質問：男性はその絵画について何と言っているか。

正解　1

選択肢の訳　1 フランスで描かれた。

2 来月海外に送られる。

3 来月の展覧会のために描かれた。

4 1920 年代に美術館によって購入された。

解説　絵画について、女性が最初の発言で気に入っていると述べているが、その情報については The artist painted it while he was living in France（この絵は画家がフランスに住んでいた時に描いたものです）という男性の最初の発言でしか提示されない。

No. 2 ◀ 33

M: How's it going, Dana? You look busy.

W: Yeah, I am. I'm still working on my sales presentation. It's due tomorrow, and I'm only about halfway done.

M: Well, I used to make sales presentations all the time. Can I give you a hand with it?

W: Oh, would you do that for me? Thank you so much. I really appreciate it.

Question: How will the woman probably finish her sales presentation?

訳　男性：デイナ、調子はどう？ 忙しそうだけど。

女性：ええ、そうなのよ。まだ販売のプレゼンに取り組んでるわ。明日の予定だけど、まだ半分しかできてないの。

男性：実は、僕は前にいつも販売のプレゼンをしてたんだ。手伝おうか？

女性：あら、そうしてくれる？ どうもありがとう。本当に助かるわ。

質問：女性はおそらくどのようにして販売のプレゼンテーションをやり終えるのか。

正解　4

選択肢の訳　1 明日それに取り組む。

2 別のコンピューターを使う。

3 別の人に仕事を任せる。

4 男性に助けてもらう。

解説　まず、女性がプレゼンテーションの準備で忙しいことを押さえる。この状況に対して、男性が Can I give you a hand with it?（手伝おうか？）と申し出て、女性が Thank you so much（どうもありがとう）と応じていることが聞き取れれば、会話のおおまかな流れは把握できる。

No. 3

スクリプト

M: Excuse me. I wanted to order the salmon pasta, but I didn't see it anywhere on the menu.

W: Sorry, but we only serve salmon pasta on Wednesdays. Today's special is clam chowder.

M: That's too bad. My friend recommended that I order the salmon pasta here. I was really hoping to try it.

W: My apologies, sir.

Question: Why is the man disappointed?

訳

男性：すみません。サーモンパスタを注文したいと思っていたのですが、メニューのどこにも見当たらないですね。

女性：申し訳ございません。サーモンパスタは水曜日限定で提供しております。今日のお薦めはクラムチャウダーです。

男性：それは残念です。友人からここでサーモンパスタを注文するように勧められたものですから。本当に食べてみたいと思ってたんですが。

女性：申し訳ございません、お客様。

質問：男性はなぜがっかりしているのか。

正解　2

1　友人が一緒に昼食を食べられない。
2　食べたいものを注文できない。
3　クラムチャウダーがもうない。
4　サーモンパスタがあまり美味しくない。

解説　最初に男性が I wanted to order the salmon pasta（サーモンパスタを注文したいと思っていた）と述べている。それに対して女性が水曜日の限定メニューだと伝えると、男性は食べられないことを非常に残念がっている。

No. 4

スクリプト **M:** Have you seen my gray suit, Dorothy? It was in the closet a week ago, but now I can't find it.

W: I took it to the dry cleaner's because it had a big stain on it.

M: Oh. When will it be ready? I want to wear it to an important meeting tomorrow.

W: Don't worry, Barry. I'll pick it up this afternoon.

Question: Why is Barry looking for his suit?

訳 男性：ドロシー、最近僕の灰色のスーツを見たかい？ 1週間前にクローゼットにあったんだけど、今は見つからないんだ。

女性：大きな染みがついてたから、ドライクリーニングの店に持っていったわ。

男性：ああ。いつ仕上がるんだい？ 明日の大事な会議にそれを着ていきたいと思ってるんだ。

女性：心配しないで、バリー。今日の午後に取りに行くから。

質問：なぜバリーは自分のスーツを探しているか。

正解 3

1 ドロシーに染みがついているところを見せたい。

2 出張に持って行かなくてはいけない。

3 会議に着ていきたいと思っている。

4 ドライクリーニングの店に持って行かなくてはいけない。

解説 自分のスーツが見当たらないという男性に、女性がドライクリーニングへ出したと述べている。それに対する男性の Oh（ああ）という反応から困惑していることがわかる。その理由について、男性は I want to wear it to an important meeting tomorrow（明日の大事な会議にそれを着ていきたいと思ってるんだ）と述べているので、同じ内容の 3 が正解。

No. 5

◀ 36

スクリプト Sandra is in her second year of college. She does well on tests, but she often gets bad grades on her research papers. One of Sandra's friends told her about a writing workshop that teaches students how to write better research papers. Sandra joined it, and she has learned some new writing techniques. Now, she is getting better grades in all her classes.

Question: How was Sandra able to improve her grades?

訳 サンドラは大学2年生だ。テストの点は良いが、研究論文で悪い評価をもらうことがよくある。サンドラの友人の一人が、研究論文をもっとうまく書く方法を学生に指導する作文のワークショップについて教えてくれた。サンドラはそれに参加して、新しい作文の技術をいくつか学んだ。今では、彼女はすべての授業で成績が上がってきている。

質問：サンドラはどうやって成績を上げることができたか。

正解 3

1 テストのために一生懸命勉強した。
2 友達に教えてくれるように頼んだ。
3 論文をもっとうまく書く方法を学んだ。
4 他の生徒と勉強会を始めた。

解説 サンドラについて、冒頭で she often gets bad grades on her research papers（研究論文で悪い評価をもらうことがよくある）と述べられている。転機になったこととして、友達から聞いた a writing workshop（作文のワークショップ）に参加して new writing techniques（新しい作文の技術）を学んだことが挙げられている。

スクリプト Grits are a breakfast food in the southern part of the United States. They are made by slowly cooking pieces of dried corn in water or milk. Grits can be yellow or white, depending on the type of corn that is used to make them. They were originally made by Native Americans, but now they are a popular food with people throughout the South.

Question: What is one thing we learn about grits?

訳　グリッツはアメリカ南部の朝食用食品だ。乾燥トウモロコシを水か牛乳に入れてゆっくりと調理して作られる。グリッツは、作るときに使用されるトウモロコシの種類によって黄色か白になる。それらはもともと先住アメリカ人によって作られていたが、今では南部の至る所で人気のある食べ物だ。

質問：グリッツについて分かることは何か。

正解　2

1　牛乳から作られた飲み物だ。
2　トウモロコシから作られた料理だ。
3　もともとヨーロッパ由来のものだ。
4　通常夜に食べられる。

解説　グリッツについて、食べられている場所と時間帯、原材料、色、由来の情報が提示されているが、They are made by slowly cooking pieces of dried corn in water or milk（乾燥トウモロコシを水か牛乳に入れてゆっくりと調理して作られる）という原材料についての説明と一致する2が正解。

No. 7

スクリプト Thank you all for coming to tonight's Mystery Dinner Theater show, where you can have a delicious dinner while watching a mysterious and exciting play. The play is about to start, so please enjoy the opening scene. We will be bringing drinks to your tables soon, and meals will be served in 30 minutes. Also, there will be a short break in an hour. Please sit back, relax, and enjoy.
Question: What will happen first?

訳 今夜のミステリー・ディナー・シアターショーにお越しいただきありがとうございます。ここでは、謎めいたエキサイティングな劇を見ながらおいしいディナーを楽しめます。間もなく劇が始まろうとしていますので、冒頭のシーンをお楽しみください。すぐに皆さんのテーブルにお飲み物をお持ちします。食事は 30 分後にお出しします。また、1 時間すると短い休憩があります。ゆったり椅子に腰掛けてリラックスしてお楽しみください。

質問：最初に何が起こるか。

正解 1

1 劇が始まる。
2 役者がテーブルにやってくる。
3 短い休憩がある。
4 夕食が始まる。

解説 Mystery Dinner Theater show についてのアナウンスだが、基本情報として a delicious dinner（おいしいディナー）と a mysterious and exciting play（謎めいたエキサイティングな劇）を同時に楽しめるものだということを押さえる。今後の予定が説明されているが、The play is about to start（間もなく劇が始まろうとしています）と述べられているので、1 が正解。

No. 8

スクリプト Ralph is in college and lives in an apartment with his friend Scott. In the beginning, things went well, but after a couple of months they started arguing. Scott often forgets to wash his dishes after eating, and Ralph sometimes plays his music too loudly. They decided to have a talk this week about how to get along better.

Question: Why are Ralph and Scott going to have a talk?

訳 ラルフは大学生で、友だちのスコットとアパートに住んでいる。最初はうまくいっていたが、数ヶ月たつと 2 人は言い争うようになった。スコットは食事の後に皿を洗うのをよく忘れて、ラルフは時々音楽の演奏の音が大きすぎるのだ。彼らは今週どうしたら仲良くやっていけるかについて話し合うことにした。

質問：ラルフとスコットはなぜ話をするのか。

正解 3

1 ラルフは引っ越したい。
2 スコットは水を使いすぎる。
3 彼らは喧嘩している。
4 隣人がうるさすぎる。

解説 ラルフとスコットが同じアパートで生活し始めたが、しばらくして they started arguing（2 人は言い争うようになった）とあり、問題解決に向けて They decided to have a talk（話し合うことにした）と締めくくられている。arguing（言い争っている）を fighting（喧嘩している）と言い換えた 3 が正解。

DAY 5

ミニ模試

筆記試験・リスニングテスト

[目標解答時間：15 分＋リスニング]

目標解答時間 ▷ **15分**

1 次の（1）から（10）までの（　　　）に入れるのに最も適切なものを 1, 2, 3, 4 の中から一つ選びなさい。

（1） Scott has decided to (　　　) in a marathon next month. He is training hard to get ready for the race.

1 participate　　**2** spread　　**3** delay　　**4** whisper

（2） The recent forest fires greatly changed the (　　　) around Amy's town. Now, the ground is black and most of the trees are dead.

1 instinct　　**2** symbol　　**3** landscape　　**4** policy

（3） A: I'm sorry, ma'am, but it's (　　　) to park here. Your car is blocking the entrance to the fire station.
B: I see, officer. I'll move it right away.

1 common　　**2** private　　**3** illegal　　**4** complex

（4） Last year, Ken's house was damaged by a typhoon. He had to spend a lot of money in order to (　　　) the house to its original condition.

1 accompany　　**2** punish　　**3** restore　　**4** compare

（5） When people ask Lori what her (　　　) is, she usually says that she is an office worker. It is easier than explaining what her job actually is.

1 signature　　**2** disaster　　**3** emotion　　**4** occupation

(6) A: Wendy, tell your sister that I hope she feels better soon.

B: She'd love to hear from you (　　　　). Why don't you give her a call tonight?

1 historically　**2** barely　　**3** directly　**4** previously

(7) A: You did such a nice job on this photo album. It must have taken a great (　　　　) of time to choose all the photos.

B: Yes, it did. I worked on it every night for two weeks.

1 deal　　　**2** base　　　**3** force　　　**4** role

(8) A: Bob said he'd come to work early this morning, but he didn't (　　　　) until ten o'clock.

B: Yeah. Bob's always late. He never comes when he says he will.

1 show up　　**2** pull away　**3** try out　　**4** reach out

(9) Jennifer started to have (　　　　) about becoming an artist when she realized how difficult it would be for her to make any money.

1 a big mouth　　　　　　**2** second thoughts
3 the last word　　　　　　**4** small changes

(10) A: Mr. McMillan, welcome to AirBed Hotel. We regret (　　　　) you that the pool will be closed for repairs this evening.

B: That's OK. I wasn't planning to swim tonight.

1 to inform　　　　　　　**2** informed
3 have informed　　　　　　**4** inform

次の英文の内容に関して、(11)から (15) までの質問に対して最も適切なもの、または文を完成させるのに最も適切なものを 1, 2, 3, 4 の中から一つ選びなさい。

Female Pioneers

Since the computer's invention, many of the people famous for working in computer science have been men. Even now, only about 25 percent of people working in computer-related fields in the United States are women. However, some of the first computer programmers were a group of American women who worked at the University of Pennsylvania in the 1940s. They made a huge contribution to the development of modern computers, but for many years their work was largely forgotten.

During World War II, many American men were fighting overseas. As a result, women were needed for jobs that were traditionally done by men. For example, in 1942, the U.S. Army hired a group of women who had studied math in university. The U.S. Army needed to understand where and how its rockets and bombs moved, so the army asked the women to do the calculations. At first, the women worked with desk calculators. Each calculation took one woman about 20 hours to complete.

To reduce the time it took to complete these calculations, the army developed a special computer in 1943. It was called ENIAC, and it was designed by engineers at the University of Pennsylvania. The computer was big enough to fill a whole room and had to be programmed before each calculation. Six women were chosen to develop a way to program the computer. Their names were Kathleen Antonelli, Jean Bartik, Betty Holberton, Marlyn Meltzer, Frances Spence, and Ruth Teitelbaum. Although it could sometimes take a long time to program the computer for a calculation, once the computer was programmed, it only took 30 seconds to complete each calculation.

Although the women created one of the first computer programs, few people remembered them. Then, in 1986, a young female student at Harvard University, Kathryn Kleiman, was researching women in computer science. She came across a photo of the six women working with ENIAC. She began to research the women's contribution and eventually made a documentary about them. Finally, the women were recognized for the big role they had played in the development of modern computing. Kleiman believes that remembering these women is important because it will encourage more women to take up careers in computer science.

DAY 1 DAY 2 DAY 3 DAY 4 DAY 5 DAY 6 DAY 7 DAY 8 DAY 9 DAY 10

(11) What is true about computer programming?

1 Most people had forgotten that some of the first computer programmers were female.

2 A majority of people who study to become computer programmers are women.

3 Male computer programmers have trouble finding jobs in the modern economy.

4 Most of the men working in computer programming studied at the University of Pennsylvania.

(12) What happened during World War II?

1 Women began doing jobs which had mostly been done by men before the men went to war.

2 Men who had studied math in college often found it difficult to find a place to work.

3 The U.S. Army calculated the time it took to build rockets and bombs.

4 The U.S. Army hired a group of women to fight along with men overseas.

(13) ENIAC was

1 a special program where women could learn how to develop new computers.
2 a device that could quickly do calculations that took humans a long time to complete.
3 an event held by the U.S. Army to increase the security of their computers.
4 a type of device that was used by computers to increase the speed of their calculations.

(14) What did Kathryn Kleiman do?

1 She created a group to support women who want to become computer programmers.
2 She made a documentary about a group of women who helped develop modern computer programming.
3 She became the first woman to get a degree in computer programming at Harvard University.
4 She developed a new way to use computer programming to create movies.

(15) Which of the following statements is true?

1 Women calculated the movements of rockets and bombs for the U.S. Army during World War II.
2 Kathryn Kleiman began teaching computer science at Harvard University in 1986.
3 The first computer was so large that it took two days for a group of women to repair.
4 About 75 percent of young American women have said that they will study computer science.

第1部

対話を聞き、その質問に対して最も適切なものを 1, 2, 3, 4 の中から一つ選びなさい。

No. 1

1 Go on a trip with Brad.
2 Study German at college.
3 Stay at home with her family.
4 Visit a friend in Germany.

No. 2

1 She thought his cat was in danger.
2 She was returning his phone call.
3 She thought she saw him at work.
4 She wanted to ask him a favor.

No. 3

1 They have not been playing well.
2 They do not have any young players.
3 They are the most popular team.
4 They will move to a new city.

No. 4

1 Cancel the meeting on Friday.
2 Print out sales reports.
3 Attend his presentation.
4 Clean up his desk.

第2部　英文を聞き、その質問に対して最も適切なものを 1, 2, 3, 4 の中から一つ選びなさい。

No. 5

1 It eats meat and plants.
2 It has brown legs and small ears.
3 It sleeps for 50 percent of the day.
4 It is the biggest type of wolf.

No. 6

1 Her T-shirts are too expensive.
2 Her T-shirts are not very popular.
3 She bought too many T-shirts.
4 She does not have any T-shirts to sell.

No. 7

1 Orders suits from any brand.
2 Makes changes to suits for free.
3 Gives them lower prices if they ask.
4 Accepts coupons on the third floor.

No. 8

1 They were not used in Europe.
2 They were not very useful for people.
3 They were made from animal bones.
4 They were similar to modern ice skates.

■ 正解一覧

筆記試験

1	(1)	(2)	(3)	(4)	(5)
	1	3	3	3	4

	(6)	(7)	(8)	(9)	(10)
	3	1	1	2	1

2	(11)	(12)	(13)	(14)	(15)
	1	1	2	2	1

リスニングテスト

1	No. 1	No. 2	No. 3	No. 4
	4	1	1	2

2	No. 5	No. 6	No. 7	No. 8
	1	4	2	3

■ 訳と解説

筆記 1 短文の語句空所補充

(1) 正解 **1**

訳 スコットは来月マラソンに参加することにした。彼はレースの準備をするために一生懸命トレーニングしている。

　　1 参加する　　2 広げる　　3 遅らせる　　4 ささやく

解説 トレーニングの目的が to get ready for the race（レースの準備をするため）とあるので、マラソンに出場しようとしていることは明らかだ。「（行事）に参加する」の意味の participate in ～にする。他に「（競技）に出場する」の意味で compete in ～という表現もある。

(2) 正解 **3**

訳 最近の森林火災でエイミーの町周辺の景色が大きく変わってしまった。今では地面は黒くなり木のほとんどは枯れている。

　　1 本能　　2 象徴　　3 景色　　4 方針

解説 forest fires（森林火災）で何が変わったのかを考える。第2文で the ground（地面）と trees（木）について説明していることから、それらを総合的に含む 3 の landscape が正解。

正解 3

訳　A：すみません、ここに駐車するのは違法です。あなたの車が消防署の入り口を塞いでいます。
　　B：わかりました。すぐに動かします。

　　　1 共通の　　　　2 個人的な　　　3 違法な　　　4 複雑な

解説　登場人物 B の車について、blocking the entrance to the fire station（消防署の入り口を塞いでいます）と I'll move it right away（すぐに動かします）という発言から、本来駐車すべきでない所に駐車していることがわかる。

（4）

正解 3

訳　去年ケンの家は台風で被害を受けました。彼はその家を元の状態に修復するために多額のお金を使わなければいけなかった。

　　　1 同伴する　　　2 罰する　　　3 修復する　　　4 比較する

解説　ケンの家について、第 1 文で damaged by a typhoon（台風で被害を受けた）とあるので、たくさんのお金を使う目的は家の修繕だと考えられる。repair に近い単語を探せば良い。

（5）

正解 4

訳　いろんな人がロリに職業のことを尋ねると、彼女はたいてい自分が会社員だと言う。この方が彼女の仕事が実際に何であるかを説明するより簡単なのだ。

　　　1 署名　　　　2 災害　　　　3 感情　　　　4 職業

解説　質問を受けたロリが an office worker（会社員）と答えていることに注目する。質問の内容は what her job actually is（彼女の仕事が実際に何であるか）ということとほぼ同じだと考えられるので、job に近い意味の単語を選ぶ。

（6）　

訳　A：ウェンディ、もうすぐ体調が良くなると良いねってお姉さんに伝えといて。
　　B：彼女は直接あなたから連絡をもらいたいでしょう。今夜電話をかけてみ
　　　　たら？

　　　1　歴史的に　　　2　なんとか　　　3　直接に　　　4　以前に

解説　体調の悪い姉への伝言を頼まれて、登場人物 B が Why don't you give
her a call tonight?（今夜電話をかけてみたら？）と言っている。他人
を通すのではなく自分で姉と話してはどうかと言っているので、3 の
directly が文意に最も適合する。

（7）　正解　1

訳　A：あなたはうまくこのアルバムを作りましたね。すべての写真を選ぶのに
　　　　きっとかなりの時間がかかったでしょう。
　　B：ええ、そうなんです。私は毎晩 2 週間かけて取り組みました。

　　　1　deal　　　　2　base　　　　3　force　　　　4　role

解説　登場人物 A の発言に同意して、登場人物 B が for two weeks（2 週間）
という期間に毎日取り組んだと言っているので、時間の長さを示す表現に
すれば良い。a great deal of で「かなりの量の」の意味になり、a great
deal だけで「かなり、ずいぶん」の意味で副詞的に使われることもある。

（8）　正解　1

訳　A：ボブは今朝早く出勤するって言ってたのに、10 時になるまで来なかった
　　　　のよ。
　　B：ああ、ボブはいつも遅刻してるからね。来るって言う時間には絶対来な
　　　　いね。

　　　1　現れる　　　2　引き離す　　　3　試してみる　　　4　手を伸ばす

解説　登場人物 A がボブについて he'd come to work early（早く出勤する）
と言っていた、but（しかし）とつなげているので、実際にはそうしなかっ
たのだと考えられる。come に近い表現で appear（現れる）と同じ意味
の show up を選ぶ。

(9)　正解　2

　　訳　ジェニファーは、お金を稼ぐことがどれほど難しくなるのかに気付いて芸術家になることを考え直し始めた。

　　　　1　おしゃべり　　　2　再考　　　　　3　最後の言葉　　4　細かいお釣り

　　解説　芸術家になった場合に how difficult it would be for her to make any money（お金を稼ぐことがどれほど難しくなるのか）ということに考えが及んだなら、別の可能性を模索するのが当然だろう。have second thoughts about ～で「～について再検討する」の意味。

(10)　正解　1

　　訳　A：マクミランさん、エアベッド・ホテルへようこそ。残念ながら、今晩はプールが修理のため閉鎖となります。
　　　　B：大丈夫ですよ。今夜泳ぐつもりではなかったので。

　　　　1　to inform　　　　　　　　2　informed
　　　　3　have informed　　　　　　4　inform

　　解説　regret to V 原形で「残念ながら V しなくてはいけません」の意味になり、謝罪の気持ちを表す。それに対して、regret ～ ing は「～したことを後悔する」の意味なので、両者の形と意味を混同しないように注意が必要だ。

長文の内容一致選択

女性の先駆者

　コンピューターの発明以来、コンピューター科学に取り組んだことで有名な人たちの多くは男性だった。今でも、アメリカのコンピューター関連の分野で働く人々の中で女性は約 25 パーセントしかいない。しかし、最初のコンピュータープログラマーの中には、1940 年代にペンシルベニア大学で働いたアメリカ人の女性グループが含まれていた。彼女たちは現代のコンピューターの開発に多大な貢献をしたが、長年にわたって彼女たちの仕事はほとんど忘れられていた。

　第二次世界大戦中、多くのアメリカ人男性が海外で戦っていた。その結果、伝統的に男性によって行われていた仕事で女性が必要とされた。例えば、1942 年にアメリカ軍は大学で数学を学んだ女性のグループを雇った。アメリカ軍は自軍のロケット弾と爆弾がどこへどのように移動するかを理解する必要があったので、軍は計算をするよう女性たちに依頼した。当初、女性たちは電卓で作業した。それぞれの計算は女性 1 人で完了させるのに約 20 時間を要した。

　これらの計算を完了させるのにかかる時間を短縮するため、軍は 1943 年に特殊なコンピューターを開発した。それは ENIAC と呼ばれ、ペンシルベニア大学のエンジニアによって設計された。そのコンピューターは部屋を埋め尽くすほど大きく、それぞれの計算の前にプログラムしなければいけなかった。コンピューターをプログラムする方法を開発するために 6 人の女性が選ばれた。彼らの名前は、キャスリーン・アントネッリ、ジーン・バーティク、ベティ・ホルバートン、マーリン・メルツァー、フランシス・スペンス、ルース・タイテルバウムだった。計算するためにコンピューターをプログラムするのに長い時間がかかることもあったが、一旦コンピューターがプログラムされると、それぞれの計算を完了させるのに 30 秒しかかからなかった。

　こうした女性たちが最初のコンピュータープログラムの 1 つを作成したのだが、彼女たちを覚えている人はほとんどいなかった。それから、1986 年になって、ハーバード大学のキャスリン・クライマンという若い女子学生がコンピューター科学における女性について調査していた。彼女は ENIAC に携わっていた 6 人の女性の写真を偶然目にした。彼女はこの女性たちの尽力を調査し始め、最終的には彼女たちについてのドキュメンタリーを制作した。ようやく、この女性たちは現代のコンピューター利用の発展において果たした大きな役割を認められたのだった。クライマンは、コンピューター科学のキャリアを選ぶ女性が増えることにつながるので、これらの女性たちを記憶にとどめておくことが重要だと考えている。

(11) 正解 1

訳 コンピュータープログラミングについて当てはまるのは何か。

1 ほとんどの人は、最初のコンピュータープログラマーに女性が含まれていたことを忘れていた。

2 コンピュータープログラマーになるために勉強する人の大多数は女性だ。

3 男性のコンピュータープログラマーは現代の経済状況で仕事を見つけるのに苦労している。

4 コンピュータープログラミングに携わる男性のほとんどはペンシルベニア大学で学んだ。

解説 コンピュータープログラミングについて、第1パラグラフ第3文で some of the first computer programmers were a group of American women(最初のコンピュータープログラマーの中にはアメリカ人の女性グループが含まれていた)と書かれている。さらに同パラグラフ最終文で their work was largely forgotten(彼女たちの仕事はほとんど忘れられていた)とある。

(12) 正解 1

訳 第二次世界大戦中に何が起こったか。

1 女性は、男性が戦争に出る前には主に男性によって行われていた仕事をし始めた。

2 大学で数学を勉強した男性は仕事をする場所を見つけるのが難しいことがよくあった。

3 米軍はロケット弾と爆弾の製作に要する時間を計算した。

4 アメリカ軍は海外で男性と戦うことになる女性のグループを雇った。

解説 第2パラグラフの第1文と第2文に、大戦中にたくさんのアメリカ人男性が海外の戦場に出ていたため、women were needed for jobs that were traditionally done by men(伝統的に男性によって行われていた仕事で女性が必要とされた)と書かれている。こうした内容を言い換えた1が正解。

(13)　正解　**2**

訳　ENIAC は…だった。

1　女性が新しいコンピューターを開発する方法を学ぶことができる特別なプログラム

2　人間が完了するまでに長い時間を要した計算を素早く実行できる装置

3　自軍のコンピューターのセキュリティを強化するためにアメリカ軍によって開催されたイベント

4　計算速度を上げるためにコンピューターによって使用された一種の装置

解説　ENIAC については第 3 パラグラフの第 1 文と第 2 文に説明がある。軍が特別なコンピューターを開発したとあり、その目的は To reduce the time it took to complete these calculations（これらの計算を完了させるのにかかる時間を短縮するため）で、ENIAC という名前だったとある。

(14)　正解　**2**

訳　キャスリン・クライマンは何をしたか。

1　コンピュータープログラマーになりたい女性を支援するためのグループを作った。

2　現代のコンピュータープログラミングの開発を支援した女性のグループについてのドキュメンタリーを制作した。

3　ハーバード大学でコンピュータープログラミングの学位を取得した最初の女性となった。

4　コンピュータープログラミングを使って映画を作成する新しい方法を開発した。

解説　クライマンについては、第 4 パラグラフ第 2 文と第 3 文で彼女が大学生の時に ENIAC に携わった女性たちの写真を見たとあり、第 4 文に She began to research the women's contribution and eventually made a documentary about them（彼女はこの女性たちの尽力を調査し始め、最終的には彼女たちについてのドキュメンタリーを制作した）と書かれている。

(15) 正解 1

訳 次のうちどれが正しいか。

1 第二次世界大戦中に女性たちがアメリカ軍のロケット弾と爆弾の動きを計算した。

2 キャスリン・クライマンは 1986 年にハーバード大学でコンピューター科学を教え始めた。

3 最初のコンピューターは非常に大きかったので、女性のグループが修理するのに 2 日かかった。

4 アメリカの若い女性の約 75 ％がコンピューター科学を勉強すると言っている。

解説 第 2 パラグラフ第 4 文で、アメリカ軍は where and how its rockets and bombs moved（自軍のロケット弾と爆弾がどこへどのように移動するか）を割り出す必要があったので asked the women to do the calculations（計算をするよう女性たちに依頼した）と書かれていて、1 がこの内容と完全に一致する。

リスニング 第1部　会話の内容一致選択

No. 1

◀40

スクリプト
W: Do you have any plans for the summer vacation, Brad?
M: Not really. I'll probably just spend the summer with my family. What about you, Cathy?
W: I'm going to Germany to visit a friend. She's studying there for a year.
M: Really? That sounds like fun.
Question: What will Cathy do during the summer vacation?

訳
女性：夏休みの予定はあるの、ブラッド？
男性：特にないね。多分夏の間は家族と過ごすだけだね。キャシーはどうなの？
女性：友達に会いにドイツに行くわ。彼女は1年間そこで勉強してるのよ。
男性：本当に？ 楽しそうだね。
質問：夏休み中にキャシーは何をするか。

正解　4

選択肢の訳
1 ブラッドと一緒に旅行に行く。　2 大学でドイツ語を学ぶ。
3 家族と一緒に家にいる。　　　　4 ドイツにいる友達の所に行く。

解説
夏休みは家族と一緒に過ごすつもりだと言う男性に対して、女性がI'm going to Germany to visit a friend（友達に会いにドイツに行くわ）と述べている。友達や男性についての情報と混同しなければ、同じ意味の4が選べるだろう。

No. 2

41

スクリプト **M:** Hello. Bill Davis speaking.

W: Hi, Bill, it's Debbie Sanders from next door. I just got home from work, and I thought I saw your cat run across the street.

M: Thanks for calling, Debbie. But my cat's inside. She's sleeping in my bedroom.

W: Oh, great. I was worried she might get hit by a car.

Question: Why did the woman call the man?

訳 **男性：**もしもし。ビル・デイビスですが。

女性：こんにちは、ビル。隣のデビー・サンダースです。仕事から帰ったところなんですが、お宅のネコちゃんが通りを走って横切っていくのを見た気がしたものですから。

男性：お電話ありがとう、デビー。でも、うちのネコは中にいますよ。私の寝室で寝ています。

女性：まあ、良かったわ。車にはねられるんじゃないかと心配してたんです。

質問：なぜ女性は男性に電話したのか。

正解　1

選択肢の訳 1 彼のネコが危険だと思った。　　2 彼に折り返し電話をしていた。
3 仕事中彼を見かけたと思った。　4 彼に頼みを聞いてもらいたいと思った。

解説 近所に住む 2 人の人物が電話で話している。女性が最初の発言で I saw your cat run across the street（お宅のネコちゃんが通りを走って横切っていくのを見た）と思ったと言うのに対して、男性が自分のネコではないと答えると、安心しつつも I was worried she might get hit by a car（車にはねられるんじゃないかと心配してた）と述べている。

No. 3

スクリプト

M: There aren't many fans here. The stadium's not even half full. I always thought the Danville Dragons were one of the most popular soccer teams in the league.

W: Well, they used to be. But they've done really poorly for the last few seasons.

M: Oh. I didn't know that.

W: Yeah. They've got some good young players, though. Hopefully, they'll be better next year.

Question: What does the woman say about the Danville Dragons?

訳

男性：あんまりファンがいないね。スタジアムは半分も埋まってないよ。ダンヴィルドラゴンズがリーグの中で最も人気のあるサッカーチームの1つだとずっと思ってたんだけど。

女性：昔はそうだったんだけどね。でも、ここ何シーズンか本当に不振なのよ。

男性：ああ。知らなかったよ。

女性：うん。でも、優秀な若手選手が何人かいるわ。来年は良くなって欲しいわね。

質問：ダンヴィルドラゴンズについて女性は何と言っているか。

正解 1

選択肢の訳

1 良いプレーをしていない。　　2 若い選手が全くいない。

3 最も人気のあるチームだ。　　4 新しい都市に移る。

解説

スタジアムが空いていることに驚いた男性が、ダンヴィルドラゴンズは人気のサッカーチームだったはずだと言うと、女性が以前はそうだったが they've done really poorly for the last few seasons（ここ何シーズンか本当に不振だ）と述べている。poorly（下手に）は badly と同じ意味だが、これを not ... well と言い換えた1が正解。

スクリプト
M: Brenda, can you print out all of this year's sales reports for my presentation on Friday?

W: Sure. Do you need a copy for everyone, or just one for yourself?

M: For everyone, please. There will be six people at the meeting, including me.

W: No problem. I'll put them on your desk when I'm done.

Question: What does the man ask the woman to do?

訳
男性: ブレンダ、金曜日の僕のプレゼン用に今年の売上報告書を全部プリントアウトしてもらえる?

女性: もちろんよ。全員分必要なの? それともあなたの分だけ?

男性: 全員分お願いするよ。僕も含めて会議には6人来るんだ。

女性: 良いわよ。やり終わったら、あなたの机の上に置いとくわね。

質問: 男性は女性に何をするように依頼しているか。

正解　2

選択肢の訳　1　金曜日に会議を中止する。
2　売上報告書を印刷する。
3　プレゼンテーションに出席する。
4　机の上を片付ける。

解説　男性の女性に対する依頼は、冒頭の can you print out all of this year's sales reports ... ? (今年の売上報告書を全部プリントアウトしてもらえる?) という発言ではっきりと示されている。その後、必要な部数の確認が行われるが、男性が他に頼んでいることはないので、最初の発言と同じ意味の2が正解。

No. 5

◀44

スクリプト In parts of South America, you can find an animal called the maned wolf. Its body is mostly brown, but it has black legs. It also has large ears. Despite its name, it is not a type of wolf. Wolves usually only eat meat, but maned wolves eat both meat and plants. In fact, up to 50 percent of a maned wolf's diet is fruits and vegetables.

Question: What is one thing we learn about the maned wolf?

訳 南アメリカの一部の地域にはタテガミオオカミと呼ばれる動物がいる。体は主に茶色だが、脚は黒い。大きな耳もある。その名前にもかかわらず、オオカミの一種ではない。オオカミは通常肉しか食べないが、タテガミオオカミは肉と植物の両方を食べる。実際、タテガミオオカミの食事の最大で50パーセントが果物と野菜だ。

質問：タテガミオオカミについて分かることは何か。

正解 1

選択肢の訳 1 肉と植物を食べる。
2 脚が茶色で耳は小さい。
3 1日の50パーセントは眠っている。
4 オオカミの中で最大の種類だ。

解説 タテガミオオカミについて、生息地、体の色や特徴、生物学上の分類、食性について説明されているが、maned wolves eat both meat and plants（タテガミオオカミは肉と植物の両方を食べる）という箇所が1と一致する。

No. 6

スクリプト Tomoko started an online fashion business last month. She designed some T-shirts and asked a factory to make 50 shirts of each design. Then, she started selling them on a website. Many people liked her T-shirts, and they sold out very quickly. She has ordered more from the factory, but the shirts will not arrive for three weeks. She has to tell new customers to wait until the T-shirts are finished.

Question: What is Tomoko's problem?

訳 トモコは先月ネット上でファッションビジネスを始めた。彼女はTシャツをいくつかデザインし、デザインごとに50枚のシャツを作るように工場に依頼した。そしてそれらをウェブサイトで販売し始めた。多くの人が彼女のTシャツを気に入り、すぐに売り切れた。彼女は追加分を工場に注文したが、3週間はシャツが到着しない。彼女は新しい客にTシャツが完成するまで待つように伝えなくてはいけない。

質問：トモコの問題は何か。

正解 4

選択肢の訳 1 彼女のTシャツの値段が高すぎる。
2 彼女のTシャツはあまり人気がない。
3 あまりにもたくさんのTシャツを買った。
4 販売するTシャツがない。

解説 トモコが始めたネットビジネスについて、具体的に何をしたのかを順番に聞き取っていく。Tシャツをデザインしてサイトで販売したところすぐに売り切れたところまでは順調だ。しかし、問題なのは工場に追加の製作を依頼したのに the shirts will not arrive for three weeks（3週間はシャツが到着しない）ことだ。在庫がないということで、4が正解。

No. 7

46

模試 [解答・解説]

スクリプト Thank you for shopping at Wilkie's Department Store. Remember, any suit that you buy can be changed to fit you perfectly for free. Also, we are having a special sale on selected top-brand suits this month. You will find them on the third floor, so be sure to check out the low prices. Don't miss this great offer.

Question: What is one thing that Wilkie's Department Store does for customers?

訳 ウィルキーズデパートへお越しいただきありがとうございます。何と、お客様が購入したスーツは、どれも無料で体にぴったり合うように寸法直しをすることができます。また、今月は厳選トップブランドのスーツの特別セールを実施しております。3階で実施中ですので、割引価格をぜひチェックしてください。この素晴らしい特売をお見逃しなく。

質問：ウィルキーズデパートが客にすることは何か。

正解 2

選択肢の訳 1 どんなブランドからでもスーツを注文する。
2 無料でスーツの寸法を直す。
3 客が頼めば値段を安くする。
4 3階でクーポンを受け付ける。

解説 買い物客に対するデパートのアナウンスだが、伝えていることは2つだ。まず、any suit that you buy can be changed to fit you perfectly for free（お客様が購入したスーツは、どれも無料で体にぴったり合うように寸法直しをすることができます）ということで、2つ目は現在実施中の特別セールの案内だ。1つ目の内容と2が一致する。

DAY 1 DAY 2 DAY 3 DAY 4 DAY 5 DAY 6 DAY 7 DAY 8 DAY 9 DAY 10

169

No. 8

スクリプト Today, ice-skating is a popular activity around the world. However, thousands of years ago, people in northern Europe were using ice skates to travel. Scientists have learned that people at that time made skates out of animal bones. These skates looked very different from modern ice skates. They were also much slower, but people still found them helpful for traveling across frozen lakes.

Question: What is one thing scientists have discovered about ice skates from thousands of years ago?

訳 今日、アイススケートは世界中で人気のある活動だ。しかし、何千年も前、北ヨーロッパの人々は移動手段としてアイススケートを使っていた。科学者たちは当時の人々が動物の骨からスケート靴を作っていたことを突き止めた。これらのスケート靴は現代のアイススケート靴と非常に見た目が異なっていた。速度もずっと遅かったが、それでも人々は凍った湖を横切って移動するのに便利だと思った。

質問：科学者たちが何千年も前のアイススケート靴について発見したことは何か。

正解 3

選択肢の訳 1 ヨーロッパでは使われていなかった。
2 あまり人々の役に立たなかった。
3 動物の骨から作られていた。
4 現代のアイススケート靴に似ていた。

解説 数千年前のアイススケートについては、北ヨーロッパで使われ、people at that time made skates out of animal bones（当時の人々は動物の骨からスケート靴を作っていた）と述べられているので、同じ内容の3が正解。その後で、形状と速さ、有用性についての説明が続いている。

DAY **6**
ミニ模試

英作文

今日の課題

- 英作文問題 ·················· 1問
- 英作文上達トレーニング
  - ▶トレーニング 1
  - ▶トレーニング 2

［目標解答時間：20 分］

- 以下の TOPIC について、あなたの意見とその<u>理由を 2 つ</u>書きなさい。
- POINTS は理由を書く際の参考となる観点を示したものです。ただし、これら以外の観点から理由を書いてもかまいません。
- 語数の目安は 80 語〜 100 語です。
- 解答が TOPIC に示された問いの答えになっていない場合や、TOPIC からずれていると判断された場合は、<u>0 点と採点されることがあります。</u>TOPIC の内容をよく読んでから答えてください。

TOPIC

Today, some people buy products that are good for the environment. Do you think buying such products will become more common in the future?

POINTS

- *Changing lifestyles*
- *Cost*
- *Technology*

今回で英作文の演習も 2 回目です。Day 3 では自分の力で解答できましたか？ 着実に解答を作成するには 4 つの Step が大事でしたね。もしも解答の手順が思い出せないようなら、もう 1 度「早わかりガイド」を読み返してください。トレーニング 1 で内容と構成に注意を払いながら解答を作成したら、「文法間違い探しトレーニング」と「頻出分野重要語句リスト」で文法と語いの強化に取り組みましょう。

MEMO

DAY 1
DAY 2
DAY 3
DAY 4
DAY 5
DAY 6
DAY 7
DAY 8
DAY 9
DAY 10

■ トレーニング 1

いきなり英語で書き始めようとしても行き詰まってしまいます。4つの Step で着実に解答を作成していきましょう。高評価される解答にするには、問題の指示を確認しながら内容について考え、決まったパターンの英文を書くのが鉄則です。

Step 1 アイディアを書き出す

まず、ポイントごとに思いつくアイディアを書き出してみましょう。

トピックの訳

今日では、環境に良い製品を買う人たちがいる。あなたはそのような製品を買うことが将来より一般的になると思うか。

POINTS

- *Changing lifestyles* ライフスタイルの変化

  _____

- *Cost* 費用

  _____

- *Technology* テクノロジー

  _____

Step 1 の記入例

POINTS

- *Changing lifestyles* ライフスタイルの変化

  環境問題の知識の広まり→ 日常生活で意識するようになっている

- *Cost* 費用

  人々の需要が高まれば生産コストも安くなる

- *Technology* テクノロジー

  需要の多いところに新しいテクノロジーの研究が注がれる

Step 2　構想を考える

　まず、**Step 1** で書き出したアイディアをもとに自分の立場を決めてから、その理由としてふさわしいアイディアを 2 つ選んでください。その上で、4 つの下線部の内容を具体的に記していきましょう。こうすることで解答の Introduction・Body・Conclusion（導入・本論・結論）の 3 部構成の形が出来上がります。

　導入

（ 同意する／同意しない ）

2つの理由がある。

　本論

理由1 _____

理由2 _____

　結論

Step 2　の記入例

　導入

（ 同意する／同意しない ）

環境に良い製品はより普及していく。

2つの理由がある。

　本論

理由1　人々の意識が変化している←マスメディアの環境問題の報道

理由2　意識の変化→製品の需要の高まり→コストダウン＆テクノロジーの発達

　　　　→安くて良い品が増える

　結論

環境に対する意識の高まり＋安くて良い製品の増加

→環境に配慮した製品はより普及する

Step 2 の日本語の構想をもとに、英語で各文の内容を箇条書きにしましょう。

Introduction

① I (agree / disagree) with the opinion.

② _____

③ I have two reasons for this claim.

Body

Reason 1: ① _____

② _____

Reason 2: ① _____

② _____

Conclusion

In conclusion, ① _____

Step 3 の記入例

Introduction

① I (agree / ~~disagree~~) with the opinion.

② environmentally friendly goods will be more common

③ I have two reasons for this claim.

Body

Reason 1: ① more conscious about environmental problems

② demand for products will grow

Reason 2: ① increase of demand will lead to cost down

② it also results in the development of new technology

Conclusion

In conclusion, ① more conscious + better products with low cost

→ products will become more common

Step 4 解答を仕上げる

Step 3 で箇条書きだった内容を完全な英語の文にして解答を作成しましょう。

解答

_____

_____

_____

_____

_____

_____

Step 4 の記入例

解答例

I agree with the opinion. Environmentally friendly products will be more common in the future. I have two reasons for this claim. First, these days people are becoming more conscious about environmental problems. With the higher consciousness, they are demanding more environmentally friendly products. Second, the increase in the demand will then make the cost of the products much lower. It will also lead to the development of new technology. In conclusion, because of more conscious people and improved products with lower prices, environmentally friendly goods will become more popular in the future.

(93 words)

解答例訳

私はその意見に同意する。環境に優しい製品は将来もっと普及するだろう。この主張に2つの理由がある。第1に、近頃は人々は環境問題をますます意識してきている。意識の高まりとともに、より環境に優しい製品を求めている。第2に、需要の高まりが、次に、製品のコストを下げる。それはまた新しいテクノロジーの開発につながる。結論として、より意識の高い人々と、より低価格で改善された製品のために、環境に優しい製品は将来より人気が出るだろう。

　前コーナーでは、段階的に英作文の解答を作成しました。ここでは Step 4 の解答例を使って和文英訳にチャレンジします。左ページの日本語文を見た瞬間に右ページの解答例の英文が書けるようになるまで何度も練習しましょう。文章を展開していく上でのヒントと表現の要点も挙げられていますので、参考にしてください。

導入

1　私はその意見に同意する。

2　環境に優しい製品は将来もっと普及するだろう。

3　この主張に2つの理由がある。

理由1

1　第1に、近頃は人々は環境問題をますます意識してきている。

1 I agree with the opinion.

> 構成　まず意見に賛成（agree）か不賛成（disagree）かをはっきり述べる。

> 表現　agree と disagree には前置詞 with を忘れずにつける。

2 Environmentally friendly products will be more common in the future.

> 構成　主張を1文で簡潔にまとめて表現する。

> 表現　「環境に優しい」の「環境に」は副詞 environmentally で表現する。

3 I have two reasons for this claim.

> 構成　理由を導入する文を書く。

> 表現　reason for ～「～の理由」。前置詞は for を用いる。

1 First, these days people are becoming more conscious about environmental problems.

> 構成　環境意識の高まりを more conscious で表現する。

> 表現　these days は現在形・現在進行形の文で用いる。

2 意識の高まりとともに、より環境に優しい製品を求めている。

理由 2

1 第2に、需要の高まりが、次に、製品のコストを下げる。

2 それはまた新しいテクノロジーの開発につながる。

結論

1 結論として、より意識の高い人々と、より低価格で改善された製品のために、環境に優しい製品は将来より人気が出るだろう。

180

2 With the higher consciousness, they are demanding more environmentally friendly products.

> 構成　前文を受ける旧情報として the higher consciousness を最初に持ってくる。

> 表現　with the higher consciousness は「より高い意識に伴い」＝「(人々の) 意識が高まっていて」の意味で、副詞の働き。

1 Second, the increase in the demand will then make the cost of the products much lower.

> 構成　2つ目の理由をまず1文で述べる。需要増の結果を指摘する。

> 表現　make O C「OをCにする」。

2 It will also lead to the development of new technology.

> 構成　also を使って、需要増のもう1つの結果を述べる。

> 表現　lead to ~「~につながる、~を引き起こす」。

1 In conclusion, because of more conscious people and improved products with lower prices, environmentally friendly goods will become more popular in the future.

> 構成　2つの理由を because of「~のために」を使った前置詞句で簡潔にまとめる。more conscious people が第1の、improved products with lower prices が第2の理由を表す。

> 表現　because of は前置詞句なので後ろには名詞が来る。それに対して because は接続詞で後ろには S+V が来る。2つの使い分けに気をつけよう。

文法間違い探しトレーニング 3
［前置詞と接続詞］

前置詞と接続詞は似た意味を持つものが多いです。特に間違いやすいものを確認して、それぞれの使い分けを意識するようにしましょう。

時間を表す前置詞

21 This application form must be in until the 17th to be accepted.
この応募用紙は受理されるためには 17 日までに提出しなければいけません。

22 I haven't eaten from breakfast.
朝食から何も食べていません。

場所を表す前置詞

23 I'll be at my home tomorrow afternoon.
明日の午後は家にいます。

24 Our garage is among the two houses.
我が家の車庫はその 2 軒の家の間にあります。

混同しやすい前置詞

25 He was hit by a broom.
彼はほうきで叩かれた。

26 The area is popular to foreign tourists.
その地域は外国人観光客に人気がある。

混同しやすい接続詞

27 I'll go there as far as the weather is good.
天候が良ければそこに行く予定です。

28 I can't go fishing since I have to work.
仕事があるので釣りには行けません。

接続詞の欠如

29 Either time I ask you to do something, you always say you're busy.
私があなたに何かをするように頼むときはいつも忙しいっていいますね。

30 I'll phone you at the moment I get home.
帰宅したらすぐにあなたに電話をかけますよ。

21 正解 This application form must be in by the 17th to be accepted.
解説 by「…までには」(締め切り)、until「…までずっと」(継続)

22 正解 I haven't eaten since breakfast.
解説 since は過去に起こったことが現在も継続している場合に用いる

23 正解 I'll be at home tomorrow afternoon.
解説 at home または in my home で「家に」

24 正解 Our garage is between the two houses.
解説 3つ以上のものに対して among、2つのものに対して between を使う

25 正解 He was hit with a broom.
解説 by は動作の主体(人/物/事)を、with は手段を表す

26 正解 The area is popular with foreign tourists.
解説「～に人気がある」は be popular with / among ～

27 正解 I'll go there as long as the weather is good.
解説 as long as SV = if SV、as far as I know「私が知る限りは」も覚える

28 正解 I can't go fishing because I have to work.
解説 原則として because は文後半に、既知の理由を表す since は文頭に置く

29 正解 Each time I ask you to do something, you always say you're busy.
解説 each time は接続詞、each time SV「…するたびに」

30 正解 I'll phone you the moment I get home.
解説 the moment も接続詞、the moment SV = as soon as SV

頻出分野別表現リスト 4
[環境]

ここでは日本と世界の未来に影響を与えるような課題を扱います。事前に準備していないと本番ではお手上げになることもある難しいトピックばかりです。

公害 *Pollution*

☐ 大気／水質／土壌汚染　　　　　　　air/water/soil pollution
☐ マイクロプラスチック汚染　　　　　microplastic pollution
☐ 汚染の抑制を必要とする　　　　　　require pollution control
☐ 環境に対する深刻な脅威　　　　　　a serious threat to the environment
☐ 温室効果の原因となる　　　　　　　contribute to the greenhouse effect

エネルギー資源 *Energy Resources*

☐ プラスチックを使いすぎる生活　　　lifestyles which waste much plastic
☐ 化石燃料に過度に依存する　　　　　be too dependent on fossil fuels
☐ 再生可能エネルギーを模索する　　　cast around for renewable energy
☐ 風力発電と太陽光発電　　　　　　　wind and solar power
☐ シェールガスの採掘　　　　　　　　the extraction of shale gas

リサイクル *Recycling*

☐ 費用対効果がよくない　　　　　　　not cost-effective
☐ リサイクル率の低下　　　　　　　　a decline in recycling rate
☐ 3R の試み　　　　　　　　　　　　attempt to reduce, reuse, or recycle
☐ 脱プラスチックの生活様式の選択　　lifestyle choices for plastic reduction
☐ ほとんどの紙のリサイクルは可能だ　can recycle almost all of the paper

異常気象 *Abnormal Weather*

☐ 異常気象を経験する　　　　　　　　experience abnormal weather
☐ 排気ガスによる温暖化　　　　　　　global warming by carbon emissions
☐ 異常な猛暑の増加　　　　　　　　　an increase in an unsual heat wave
☐ 集中豪雨の増加　　　　　　　　　　an increase in a torrential downpour
☐ 海面上昇による海岸浸食　　　　　　coastal erosion by rising sea levels

DAY 7

ミニ模試

筆記試験・リスニングテスト

［目標解答時間：15 分＋リスニング］

目標解答時間 ▷ 15分

1 次の（1）から（5）までの（   ）に入れるのに最も適切なものを 1, 2, 3, 4 の中から一つ選びなさい。

（1）The new movie (   ) some very famous actors, including Tom MacDonald. Some people are saying they plan to go and see the movie just because he is in it.

    1 deletes   2 features

    3 monitors   4 reminds

（2）The waiter noticed that a customer had forgotten to take her change. He ran out of the store, (   ) her down the street, and gave the money back to her.

    1 poured   2 chased

    3 managed   4 disturbed

（3）A: Steve, you are spending too much time playing video games. I know you've been doing well in class all year, but there's no (   ) that you'll pass the final exam.

    B: I'm sorry, Mom. I'll try to study more.

    1 blame   2 license

    3 guarantee   4 spell

（4）A: Did my explanation of the new project (   ), Carter?

    B: Yes, it did. You answered all the questions I had.

    1 stand still   2 take care

    3 pay attention   4 make sense

（5） Gabriella buys a lottery ticket every week. For this week's lottery, (   ) wins will receive $5 million. She hopes that this time it will be her.

    1 whoever   **2** whatever

    3 whenever   **4** wherever

2

次の英文を読み、その文意にそって（6）から（8）までの（   ）に入れるのに最も適切なものを 1, 2, 3, 4 の中から一つ選びなさい。

Mystery in the Sky

If you look up at the sky on a clear summer night, you might be lucky enough to see a special type of cloud glowing in the darkness. These clouds are strange and rare events called noctilucent clouds (NLCs). NLCs are different from the clouds we see every day. Most clouds form near the earth's surface – usually within 10 kilometers of the ground. (6), NLCs are formed around 80 kilometers away, in a section of the sky called the mesosphere. NLCs are also colorful – generally bright blue, but sometimes red, yellow, or white.

Scientists believe that, like normal clouds, NLCs are made of tiny ice crystals. However, in the mesosphere, it is usually (7). In order for ice crystals to form and create clouds, there must be water and dust for that water to stick to. NLCs are only able to form in the summer, when winds carry water up to the mesosphere from lower levels of the atmosphere.

NLCs have only appeared in recent times. In fact, the first NLCs were recorded in 1885, two years after a volcano erupted in Krakatoa, Indonesia. Scientists believe that the volcano released huge amounts of dust into the mesosphere, which allowed NLCs to form. Although this may explain why NLCs were seen after the eruption, it does not explain the NLCs that occur today. Some scientists now believe that NLCs are (8). For one thing, NLCs did not start to appear until the modern age, when carbon dioxide and other gases began to increase. For another, they are becoming more frequent and widespread as temperatures rise.

（6） **1** For instance
     2 In contrast
     3 Since then
     4 Even so

（7） **1** too warm for people to see
     2 too dry for clouds to form
     3 too dark for scientists to study
     4 too windy for normal clouds

（8） **1** going to disappear soon
     2 caused mainly by volcanoes
     3 dangerous for humans
     4 related to global warming

The Price of a Song

All around the world people sing the "Happy Birthday" song on people's birthdays. However, for a long time, it was rare to hear the song sung in movies or TV programs. This was because the copyright for the song belonged to a company. If somebody has a copyright for a song, they can charge money when other people use it in their movies or TV programs. In order to reduce their expenses, many directors avoided using the song in their shows.

In reality, though, the complicated history of "Happy Birthday" meant that it is unclear who actually owned the copyright. The music was originally composed in 1893 by Patty and Mildred Hill, two sisters who were teachers. The sisters wrote a greeting song for their students to sing each morning. Sometime later, the words were changed and the song became a birthday song. Nobody knows who wrote the new words, but it was believed that the sisters gave the copyright to a publishing company.

This copyright was then sold to another company, and then in 1988 it was bought by a large music company called Warner/Chappell. After Warner/Chappell bought the copyright, the company decided to carefully check all movies and TV shows to see if the song was being used. They charged different amounts of money depending on how popular the show was. It is estimated that the company has made two million dollars a year from the song.

However, a group of filmmakers thought that Warner/Chappell might not actually own the copyright to the song. They took the company to court and argued that there was no evidence that the copyright had ever belonged to any of the companies who had claimed to own it. In September 2015, the judge in charge of the case agreed with the filmmakers. He said that the copyright for the song was no longer owned by any company and that anyone could use it freely. As a result, it will probably become much more common to hear the song in movies or on TV.

（9） Why did many directors choose not to use the "Happy Birthday" song?

    1 It was not popular in many of the countries where movies are watched.

    2 It cost them money to use it in their movies or TV shows.

    3 They wanted to use songs that were not used frequently by other directors.

    4 They thought that people wanted to hear more interesting songs.

（10） Although Patty and Mildred Hill wrote the music of "Happy Birthday,"

    1 two other teachers had written the famous words to the song.

    2 it is not clear who actually wrote the words for the current song.

    3 neither was able to sing the songs that their students wanted to listen to.

    4 their students decided to write a different song that they would like more.

(11) After Warner/Chappell bought the copyright for "Happy Birthday,"

1 it created new movies and TV shows that used the song in them.
2 it charged companies two million dollars each time they wanted to use it.
3 it began to make a lot of money each year by charging people who used it.
4 it carefully checked whether the song had become more popular than before.

(12) Why is "Happy Birthday" likely to become more popular in the future?

1 A judge decided that there was no longer any copyright on the song.
2 Filmmakers bought the copyright for the song from the company that owned it.
3 There is evidence that the song was used most frequently in September 2015.
4 The company that owns it has started to freely share the song with other people.

リスニングテスト

◀ 48 >>> 51

第1部　対話を聞き、その質問に対して最も適切なものを 1, 2, 3, 4 の中から一つ選びなさい。

No. 1

1　Help her father cook dinner.
2　Go to the store with her father.
3　Start recording the end of the TV show.
4　Watch the end of the show.

No. 2

1　Traffic is bad on the freeway.
2　Her train has been delayed.
3　She got off at the wrong station.
4　There are no taxis available.

No. 3

1　He wrote about the wrong subject.
2　He turned in the paper late.
3　He did not do any research.
4　He made a lot of spelling mistakes.

No. 4

1　Have a birthday party at school.
2　Buy some jewelry as a present.
3　Get a book for their mother.
4　Cook dinner together at home.

第2部　英文を聞き、その質問に対して最も適切なものを 1, 2, 3, 4 の中から一つ選びなさい。

No. 5

1　His topic had too much information.

2　His teacher would not help him.

3　He was not interested in paintings.

4　He knew little about Japan.

No. 6

1　There are few storms near the ocean around it.

2　Many ships have sunk in the ocean around it.

3　Rock climbing is popular there.

4　Around 10,000 ships were built there.

No. 7

1　You can see it from all the restaurants.

2　You can take swimming lessons in it.

3　It is the biggest on any cruise ship.

4　It is next to the tennis courts.

No. 8

1　She missed the last train home.

2　She left her wallet at a restaurant.

3　She could not go out to see her friends.

4　She did not have money to pay for dinner.

■ 正解一覧

筆記試験

1	（1）	（2）	（3）	（4）	（5）
	2	2	3	4	1

2	（6）	（7）	（8）
	2	2	4

3	（9）	（10）	（11）	（12）
	2	2	3	1

リスニングテスト

1	No. 1	No. 2	No. 3	No. 4
	3	2	1	3

2	No. 5	No. 6	No. 7	No. 8
	1	2	3	2

■ 訳と解説

筆記 1　短文の語句空所補充

（1） 正解　2

訳　その新しい映画にはトム・マクドナルドなど何人かの非常に有名な俳優が出演する。彼が出るからというだけの理由で映画を観に行くつもりだという人もいる。

　　1 削除する　　2 出演させる　　3 監視する　　4 思い出させる

解説　トム・マクドナルドについて he is in it（彼がそれに出る）というだけの理由で映画を観にいく人がいるとあるが、つまり彼は映画の出演者だということだ。The new movie（その新しい映画）が主語なので、「（人を）出演させる」の意味の 2 features が正解。

（2） 正解　2

訳　そのウェイターは客がお釣りを取り忘れていることに気づいた。彼は店を走って出ると通り沿いに彼女を追いかけ、彼女にお金を渡した。

　　1 注いだ　　2 追いかけた　　3 管理した　　4 邪魔した

解説　客が釣りを置いていったことに気づいたウェイターについて ran out of the store（店を走って出た）という動作の後ですることは何かを考える。最終的に gave the money back to her（彼女にお金を渡した）とあるので、客に追いつかなければいけない。

195

（3）　**正解**　3

> **訳**　A：スティーブ、長い時間ビデオゲームをしすぎよ。一年を通してあなたの授業の成績が良かったのは分かるけど、学年末試験に合格するという保証はないのよ。
> B：ごめん、お母さん。もっと勉強するようにするよ。
>
> **1** 非難　　　**2** 免許　　　**3** 保証　　　**4** 呪文

> **解説**　息子のゲームのしすぎを注意する母親が I know you've been doing well in class all year（一年を通してあなたの授業の成績が良かったのは分かる）と言った後に、but（でも）と続けている。you'll pass the final exam（あなたが学年末試験に合格する）ということの確実性を表す単語を選べば良い。

（4）　**正解**　4

> **訳**　A：カーター、新しいプロジェクトについての私の説明は理解できた？
> B：うん、理解できたよ。僕のすべての疑問に答えていたね。
>
> **1** じっと立つ　　**2** 注意する　　**3** 注意を払う　　**4** 理解できる

> **解説**　話し手 A について、話し手 B が You answered all the questions I had（僕のすべての疑問に答えていた）と言っている。つまりは A の説明が要領を得ていたということだ。「（話や文章などが）理解できる、意味が通る」の意味の 4 make sense が正解。

（5）　**正解**　1

> **訳**　ガブリエラは毎週宝くじを買っている。今週の宝くじでは当選者に賞金 500 万ドルが支払われる。彼女はそれが今度は自分のものになることを願っている。
>
> **1** whoever　　**2** whatever　　**3** whenever　　**4** wherever

> **解説**　For this week's lottery（今週の宝くじでは）は副詞句なので、空所には主語の役割を果たす語が必要だ。wins（～が当選する）も will receive $5 million（賞金 500 万ドルを受け取ることになる）も人間の動作なので、anyone who と同じ意味の 1 whoever が適合する。

筆記 2　長文の語句空所補充

空の謎

　晴れた夏の夜に空を見上げると、運が良ければ特殊な雲が暗闇の中で輝いているのを見ることができるだろう。これらの雲は夜光雲 (NLC) と呼ばれる奇妙で珍しい出来事だ。NLC は、私たちが毎日見る雲とは異なる。ほとんどの雲は、通常は地上から 10 キロ以内の地表近くでできる。対照的に、NLC は約 80 キロメートル離れた中間圏と呼ばれる上空の部分で形成される。また NLC はカラフルで、一般的には明るい青色だが、場合によっては赤、黄、白にもなる。

　科学者たちは、通常の雲のように NLC は小さな氷の結晶でできていると信じている。しかし、通常中間圏は乾燥しすぎていて雲が作られない。氷の結晶が雲を作り出すためには、水とその水が付着するための塵がなければいけない。NLC は、風が高度の低い大気から中間圏まで水を運んでくる夏にしか形成されない。

　NLC はつい最近になって登場した。実際、最初の NLC はインドネシアのクラカトア山が噴火した 2 年後の 1885 年に記録された。科学者たちは、火山が大量の塵を中間圏に放出し、それによって NLC の形成が可能になったと信じている。これは噴火の後に NLC が見られた理由の説明になるかもしれないが、今日発生する NLC の説明にはならない。一部の科学者たちは現在、NLC は地球温暖化に関連していると考えている。1 つの理由として、NLC は二酸化炭素などの気体が増加し始めた現代まで出現し始めなかった。もう 1 つには、気温が上がるにつれて NLC がより頻繁に広範囲に起こるようになっていることだ。

（6） 正解 **2**

選択肢の訳 **1** 例えば **2** 対照的に

3 それ以来 **4** それでも

解説 空所の前の文では Most clouds form near the earth's surface （ほとんどの雲は地表近くでできる）と書かれているが、その後の NLCs are formed around 80 kilometers away（NLC は 80 キロメートル離れたところで形成される）という内容と対照的だ。

（7） 正解 **2**

選択肢の訳 **1** 暖かすぎて人間には見えない

2 乾燥しすぎていて雲が作られない

3 暗すぎて科学者が研究できない

4 風が強すぎて普通の雲が作られない

解説 空所を含む文が逆接の接続副詞 However（しかし）で始まっていて、前文で NLC が tiny ice crystals（小さな氷の結晶）でできていると考えられているとあるので、その説が成立しにくくなるような内容を探す。ice crystals が形成されにくい状況として **2** が最も適合するだろう。ice crystals が作られるには水分が必要だという次の文の内容ともつながる。

（8） 正解 **4**

選択肢の訳 **1** もうすぐ消えるだろう **2** 火山によって引き起こされる

3 人間にとって危険だ **4** 地球温暖化に関連している

解説 NLC についての説明を選ぶ問題だが、その後に For one thing（1つの理由として）と For another（もう１つには）で始まる文が続いているので、この 2 つの文の内容を確認する。carbon dioxide（二酸化炭素）などの気体が増加し始めた現代特有のもので、気温が上昇すると発生頻度が高くなるとあるので、**4** が正解。

筆記 3　長文内容一致選択

歌の値段

　人々の誕生日に世界中の人々が「ハッピーバースデー」の歌を歌う。しかし、長い間映画やテレビ番組でこの歌が歌われるのを聞くことは稀だった。これは、この歌の著作権がある会社に属していたためだ。誰かが歌の著作権を持っていると、他の人が映画やテレビ番組でそれを使用したときにお金を請求することができる。出費を減らすために、多くのディレクターは自分の番組でこの歌を使うのを避けた。

　しかし実際には、「ハッピーバースデー」の複雑な歴史によって、誰が実際に著作権を所有しているのか不明確だ。その音楽は教師であった 2 人の姉妹、パティー・ヒルとミルドレッド・ヒル姉妹によってもともと 1893 年に作曲された。姉妹は生徒たちが毎朝歌うようにあいさつの歌を書いた。しばらくして、歌詞が変えられて誕生日の歌になった。誰が新しい歌詞を作ったのか誰にも分からないが、姉妹が出版社に著作権を与えたのだと信じられていた。

　この著作権はその後別の会社に売却され、その後 1988 年にワーナー・チャペルという大手音楽会社によって買い取られた。ワーナー・チャペルが著作権を買い取った後、この歌が使用されているかどうかを確認するために同社はすべての映画とテレビ番組を慎重にチェックすることにした。彼らはその番組がどれほど人気があったのかによって異なる金額を請求した。同社はこの楽曲から年間 200 万ドルを稼いだと推定されている。

　しかし、映画制作会社のあるグループは、実際にはワーナー・チャペルがこの歌の著作権を所有していない可能性があると考えた。彼らは同社に訴訟を起こして、著作権がその所有を主張した会社のいずれにも属していたという証拠がないと主張した。2015 年 9 月に訴訟を担当した裁判官は映画制作会社に同意した。彼は、この歌の著作権はもはやどの会社にも所有されておらず、誰でも自由に使用できると言った。その結果、おそらく映画やテレビでこの歌を耳にすることがずっと一般的になるだろう。

（9）

訳　なぜ多くのディレクターが「ハッピーバースデー」の歌を使わないことを選んだのか。

1　映画が見られている多くの国で人気がなかった。
2　映画やテレビ番組で使うのにお金がかかった。
3　他の監督にはあまり使われていない歌を使いたがっていた。
4　人々がもっと面白い歌を聞きたがっていると思っていた。

解説　第1パラグラフ第2文で「ハッピーバースデー」の歌が映画やテレビで滅多に使われなかったとあり、続く第3文で This was because the copyright for the song belonged to a company（これは、この歌の著作権がある会社に属していたためだ）と理由が説明されている。さらに次の文では著作権者が使用料を請求できるとあるので、2 が内容的に一致する。

（10） 正解　2

訳　パティー・ヒルとミルドレッド・ヒル姉妹は「ハッピーバースデー」を作曲したが、

1　他の2人の教師がこの歌に有名な歌詞を書いた。
2　実際に誰が現在の歌の歌詞を書いたのか明確ではない。
3　2人とも生徒たちが聞きたがっていた歌を歌うことができなかった。
4　生徒たちは自分たちがもっと気にいるような違う歌を作ることにした。

解説　ヒル姉妹については第2パラグラフで言及されていて、第2文で2人が「ハッピーバースデー」を作曲したと書かれている。第4文で後に歌詞が変えられたとあるが、最終文で Nobody knows who wrote the new words（誰が新しい歌詞を作ったのか誰にも分からない）とあるので、2 が正解。

(11)

正解 3

訳 ワーナー・チャペルが「ハッピーバースデー」の著作権を購入した後、

1 同社はこの歌を使った新しい映画とテレビ番組を制作した。
2 同社は他の会社がこの歌を使いたいと思うたびに200万ドルを請求した。
3 同社はこの歌を使用した人々に料金を請求することによって毎年多くのお金を稼ぐようになった。
4 同社はこの歌が以前よりも人気が出たかどうか慎重にチェックした。

解説 ワーナー・チャペルについて、第3パラグラフ第2文から第3文で映画やテレビ番組でこの歌が使われているかどうかをチェックして使用料を請求していたとあり、最終文で the company has made two million dollars a year from the song (同社はこの楽曲から年間200万ドルを稼いだ) と推測されるとある。こうした内容を簡潔にまとめた3が正解。

(12)

正解 1

訳 なぜ「ハッピーバースデー」は将来もっと人気になりそうなのか。

1 裁判官がこの歌の著作権はもはや存在しないと判断した。
2 映画制作会社がこの歌の著作権を所有していた会社から買い取った。
3 この歌が2015年9月に最も頻繁に使用されたという証拠がある。
4 所有する会社がこの歌を他の人々と自由に共有し始めた。

解説 第4パラグラフ最終文にこの歌を映画やテレビで耳にすることが多くなるだろうと書かれている。その理由については、同パラグラフ第4文で裁判の結果 the copyright for the song was no longer owned by any company (この歌の著作権はもはやどの会社にも所有されていない) という判決が出て、誰でも自由に使用できるようになったとある。

No. 1

◀ 48

スクリプト
M: Alison, can you go to the store for me? I need some tomatoes.
W: Sure, Dad. I'll go when this TV show's over.
M: Could you go now, please? I want to start making dinner soon.
W: All right. Let me just start the video recorder to tape the end of the show.

Question: What will Alison do next?

訳
男性：アリソン、店に行ってもらえるかな？ トマトがいくつか必要なんだ。
女性：もちろん良いわよ、お父さん。このテレビ番組が終わったら行くわ。
男性：今行ってもらえるかなあ？ すぐに夕飯を作りたいんだ。
女性：分かったわ。番組の終わりを録画するからビデオの録画機をつけさせて。
質問：アリソンは次に何をするか。

正解 3

選択肢の訳
1 父親が夕食を作るのを手伝う。
2 父親と一緒に店に行く。
3 テレビ番組の終盤の録画を始める。
4 番組の終盤を見る。

解説
冒頭で父親が娘に買い物を頼んでいる。テレビ番組を見終わったら行くという娘に対して、父親は今すぐ行って欲しいとお願いをして、最終的に娘が了解して Let me just start the video recorder to tape the end of the show（番組の終わりを録画するからビデオの録画機をつけさせて）と述べている。買い物に行く前の動作として 3 を選べば良い。

No. 2

◀49

スクリプト **M:** Hello.

W: Mr. Davis? It's Janice Jones. I'm going to be late for work today.

M: Why? Is traffic bad? The West Side Freeway wasn't crowded this morning.

W: Actually, I took the subway today. But the train's been stopped at Brown Street Station for 15 minutes. Maybe I should get a taxi from here.

M: Hmm. That's pretty far. A taxi would be expensive. Just take your time and get here when you can.

Question: Why will the woman be late for work?

訳 男性：もしもし。

女性：デイビスさん？ ジャニス・ジョーンズです。今日は仕事に遅刻します。

男性：どうしたんですか？ 渋滞ですか？ 今朝はウエストサイド自動車道は混雑してなかったけど。

女性：実は今日は地下鉄に乗ったんですが、車両がブラウンストリート駅で15分停車しているんです。多分ここからタクシーに乗ることになりそうです。

男性：うーん。それはずいぶん遠いですね。タクシーは高いでしょう。時間がかかっても構わないので来れるようになったら来てください。

質問：女性はなぜ仕事に遅れるのか。

正解 **2**

選択肢の訳 1 高速道路では交通渋滞が起きている。

2 彼女が乗った列車が遅れている。

3 間違った駅で降りた。

4 乗れるタクシーがない。

解説 最初に女性が仕事に遅刻する旨を電話で伝えているが、理由については次の発言で地下鉄に乗ったところ the train's been stopped at Brown Street Station for 15 minutes（車両がブラウンストリート駅で15分停車してしまった）と述べている。その後、お金をかけてタクシーで来る必要はないというやりとりが続く。

No. 3

スクリプト　**M:** Mrs. Begley, why did I get such a bad grade on my history paper? I spent hours researching the topic, and I checked it three times for mistakes.

W: Well, your writing was fine—and what you wrote about England was great.

M: So, I don't get it. What was the problem?

W: You didn't follow my directions, Charles. Everyone was supposed to write about the history of the Internet.

Question: Why did the boy get a poor score on his paper?

訳　男性：ベグリー先生、どうして僕は歴史のレポートでこんな悪い成績を取ったのですか？ このトピックの調査に何時間も費やして間違いを3回チェックしたんですが。

女性：まあ、あなたの文章は問題ありませんでしたし、イギリスについての内容も素晴らしかったです。

男性：それなら理解できません。何が問題だったんですか？

女性：私の指示に従わなかったからですよ、チャールズ。みんなインターネットの歴史について書くことになっていたんです。

質問：少年はなぜレポートで悪い点だったのか。

正解　1

選択肢の訳　1 間違った話題について書いた。
　　　　　　2 レポートの提出が遅れた。
　　　　　　3 何の調査もしなかった。
　　　　　　4 つづりの間違いが多かった。

解説　冒頭で自分の歴史のレポートの成績に不満な生徒が先生を問いただしている。先生の2つの発言から、文章に問題はなかったが、the history of the Internet（インターネットの歴史）について書くように指示したのにこの生徒がEngland（イギリス）の歴史について書いてきたことが分かる。

No. 4

スクリプト
W: It's Mom's birthday soon. What should we buy her?

M: How about some jewelry?

W: That sounds a bit expensive. She likes cooking, so why don't we get her a cookbook?

M: OK, then. Let's go to the bookstore in the shopping mall after school tomorrow.

Question: What will the boy and girl probably do tomorrow?

訳
女性：もうすぐお母さんの誕生日ね。何を買ったら良いかしら？

男性：宝石はどうかなあ？

女性：それはちょっと高そうね。料理が好きだから、料理の本を買ってあげましょうよ。

男性：そうだね。明日の放課後、ショッピングモールの本屋に行こう。

質問：男の子と女の子は、明日何をするか。

正解　3

選択肢の訳　1　学校で誕生日会を開く。
2　プレゼントとして宝石をいくつか買う。
3　母親にあげる本を買う。
4　家で一緒に夕食を作る。

解説　2人の子どもが母親の誕生日プレゼントに何をあげるか話し合っている。jewelry（宝石）は値段が高いという理由で却下されているが、娘が She likes cooking, so why don't we get her a cookbook?（料理が好きだから、料理の本を買ってあげましょう）と提案すると、息子が OK, then（そうだね）と応じて明日買いに行こうと述べている。

No. 5

◀52

スクリプト Sam is writing a research paper for his college Japanese history class. He chose the history of the Edo period as his topic. When he started to do the research, he found that there was too much information for one paper, and he did not have enough time to read all of it. He will ask his teacher if he can write about paintings from the Edo period, instead.

Question: Why did Sam have trouble with his research paper?

訳 サムは大学の日本史の授業で研究論文を書いている。彼はトピックとして江戸時代の歴史を選んだ。調査を始めてみると、1つの論文を書くには情報が多すぎて、それらを全部読むのに十分な時間がないことに気づいた。代わりに、江戸時代の絵画について書くことができるかどうか先生に尋ねるつもりだ。

質問：なぜサムは研究論文で苦労したのか。

正解 1

選択肢の訳 1 トピックに関する情報が多すぎた。
2 先生がどうしても彼に協力してくれない。
3 絵画には興味がなかった。
4 日本についてほとんど知らなかった。

解説 冒頭サムが歴史の授業の論文のトピックとして the history of the Edo period（江戸時代の歴史）を選んだことが分かる。しかし、there was too much information for one paper（1つの論文を書くには情報が多すぎる）ということに気づいて paintings from the Edo period（江戸時代の絵画）にトピックを変更しようとしていると述べられている。

No. 6

スクリプト　Nova Scotia is a province on the east coast of Canada. Most of it is surrounded by the ocean, and for hundreds of years it has been famous for shipbuilding and fishing. However, there are many storms in the area, and many parts of the ocean around Nova Scotia have dangerous rocks just under the water. As a result, more than 10,000 ships have sunk in the area.

Question: What is one thing that we learn about Nova Scotia?

訳　ノバスコシアはカナダの東海岸の州だ。そのほとんどは海に囲まれており、何百年もの間造船業や漁業で有名です。しかし、この地域ではたくさんの嵐が発生し、ノバスコシア周辺の多くの海域には水面下に危険な岩がある。その結果、1万隻以上の船がこの海域で沈没した。

質問：ノバスコシアについて分かることは何か。

正解　2

選択肢の訳　1　周囲の海の近くで嵐がほとんど発生しない。
2　たくさんの船が周辺の海で沈んだ。
3　ロッククライミングが人気だ。
4　そこではおよそ1万隻の船が建造された。

解説　ノバスコシアについては最初に位置と有名な産業が説明されているが、後半で嵐がよく発生して周辺の海域に岩が多く more than 10,000 ships have sunk in the area（1万隻以上の船がこの海域で沈没した）と述べられている。

No. 7

スクリプト Welcome to Deluxe Star Cruises. We offer many exciting things on our ship, such as our outdoor pool, movie theater, and tennis courts. We also have many award-winning restaurants. Our pool is the largest on any cruise ship, and our restaurants were voted the best among cruises worldwide. We hope you are ready to eat, play, and relax!

Question: What does the speaker say about the pool?

訳 デラックススター・クルーズへようこそ。この船には、屋外プール、映画館、テニスコートなど、たくさんのエキサイティングな施設がございます。受賞歴のあるレストランもたくさんございます。私たちのプールはクルーズ船上にあるものでは最大で、私たちのレストランは投票によって世界中のクルーズ旅行の中で最高評価を受けました。遠慮せず食べて、遊んで、リラックスなさってください。

質問：話し手はプールについて何と言っているか。

正解 3

選択肢の訳 1 すべてのレストランから見える。
2 水泳のレッスンを受けることができる。
3 クルーズ船にあるものとしては一番大きい。
4 テニスコートの隣にある。

解説 クルーズ船の特徴についていくつか言及されているが、説明があるのはレストランとプールだけだ。レストランは受賞したり投票で1位になったりしたとあり、プールについては the largest on any cruise ship（クルーズ船上にあるものでは最大）と述べられている。

No. 8

スクリプト　Mariko went to dinner with her friends last night. It was getting late, and she had to go home. When she got to the train station, however, she realized she did not have her wallet. Mariko called the restaurant and a staff member told her it was still there, so she ran back to get it. Then, she hurried back to the station and was able to catch the last train home.

Question: What was Mariko's problem yesterday?

訳　マリコは昨夜友だちと夕食を食べに行った。夜遅くなってきたので、彼女は家に帰らなければならなかった。しかし、駅に着いたときに、彼女は自分の財布を持っていないことに気づいた。マリコはレストランに電話をすると、従業員がまだそこにあると言ったので、それを取りに走って戻った。そして、彼女は急いで駅へ戻り、帰りの最終電車に乗ることができた。

質問：昨日のマリコの問題は何だったか。

正解　2

選択肢の訳　1　帰りの最終電車を逃した。
2　財布をレストランに置き忘れた。
3　友だちに会うために外出できなかった。
4　夕食の支払いをするお金がなかった。

解説　マリコが友人と食事をして帰宅しようとしたところまでは何の問題も起きていないが、however（しかし）で話の流れが変わっているので、その直後の内容に注意する。駅で she realized she did not have her wallet（彼女は自分の財布を持っていないことに気づいた）と述べられているので、この内容を言い換えた 2 が正解。

重要表現集 3
[具体例を示す]

自分の意見の根拠を示す際に具体例を挙げることは必須です。議論に説得力を持たせる表現を一通り覚えておきましょう。

具体例を示す

□ 具体的には	to clalify this
□ すなわちこの実例を挙げれば	to give an illustration of this
□ 具体的には	specifically
□ 具体例として…などが挙げられる	Examples include ...

対比する

□ それとは対照的に	in contrast
□ その一方で	on the other hand
□ それと比べて	in comparison
□ …と比較すれば	compared to ...

類似性を示す

□ 同様に…	Similarly, ...
□ 同様に…	Likewise, ...
□ 同様に…	In the same way, ...
□ 同様に…	By the same token, ...

増減を示す

□ ますます…	Increasingly, ...
□ ますます多くの〜	an increasing number of 〜 s
□ ますます多くの〜	more and more 〜 s
□ ますます…しなくなっている	... less and less

変化を表す

□ 現在の傾向が続くなら…	If current trends continue, ...
□ S が V するにつれて	as SV
□ …に変化はない	There is no change in ...
□ 一定している	remain steady

ミニ模試

筆記試験・リスニングテスト

今日の課題

[目標解答時間：15 分＋リスニング]

1 次の (1) から (10) までの ( ) に入れるのに最も適切なものを 1, 2, 3, 4 の中から一つ選びなさい。

(1) Castleville High School is a very strict school. If a student ( ) a rule, the school immediately calls his or her parents. As a result, the students usually behave well.

    1 delays   **2** approaches **3** violates   **4** translates

(2) The students began working with more ( ) when they heard they would get a prize if their class did the best on their school project.

    1 enthusiasm **2** coincidence **3** origin   **4** warning

(3) A: Look at all this traffic, Gary. We're ( ) going to be late for our meeting.
B: Let's call Mr. Murphy to let him know.

    1 jealously   **2** strangely   **3** generously **4** obviously

(4) Mr. and Mrs. Lawrence were unable to enjoy their meal at the restaurant because their children were ( ) badly. They were shouting and throwing food at each other.

    1 marching   **2** observing   **3** behaving   **4** approving

(5) The new healthcare law was debated in ( ) for days, but in the end the politicians could not agree on it.

    1 orchestra   **2** parliament **3** foundation **4** nursery

(6) A: I don't have an appointment, but I need to speak to Ms. Jasper immediately. I have a very (　　　) message for her.
B: All right, sir. I'll go find her right now.

1 relative　　**2** generous　　**3** cruel　　**4** urgent

(7) It seems like things often (　　　) wrong with Brad's car. Last month, one of the seatbelts broke, and then the horn stopped working. Yesterday, the car's battery died.

1 make　　**2** keep　　**3** do　　**4** go

(8) The photograph of the crowded stadium was (　　　), so it was difficult to see the faces of the people clearly.

1 in the moment　　　　**2** at its best
3 to the point　　　　**4** out of focus

(9) The school's sports day took place as planned, (　　　) the rain. Most of the events happened inside the gym.

1 along　　**2** despite　　**3** about　　**4** worth

(10) David used to eat very big meals, but now he is on a diet to lose weight. He tries to eat no (　　　) than 1,800 calories per day.

1 more　　**2** less　　**3** most　　**4** least

The Mysterious Mummies

Mummies are the preserved bodies of people who have died. The most famous mummies are those of ancient Egypt, but mummies are found in many other cultures as well. Some of these mummies are ones that have been created on purpose. There are other mummies, however, that have been created by chance, usually through extreme dryness. One area where many such natural mummies have been found is the Taklamakan Desert in the Xinjiang region of China.

The extreme dryness of the desert climate means that these mummies are exceptionally well preserved. Their hair, skin, and clothes are almost the same as when the people died over 3,000 years ago. However, the mummies have one very surprising characteristic – they all look as though they came from Europe. One of the oldest mummies discovered in Xinjiang, for example, is known as Yingpan Man. He has blond hair and a beard, and he is wearing a death mask similar to those used in ancient Greece. Another mummy, Cherchen Man, is 6 feet tall, has red hair, and wears clothes that are unlike anything usually worn in the area. Instead, they are similar to those worn by the Celtic people in ancient Europe.

There have been a number of theories as to how these European-looking people ended up in China. With the development of DNA testing techniques, however, results are becoming more accurate. In 2007, a team from the National Geographic Society took samples of DNA from a group of mummies and started to analyze them. Their first results suggested that the mummies or their ancestors came from a variety of places – Europe, the Middle East, and the Indus Valley in India and Pakistan.

Victor Mair, a professor at the University of Pennsylvania, has been studying the mummies for many years. He believes that the earliest settlers in the Taklamakan Desert were Western people who moved there 5,000 years ago. It was only about 2,000 years ago that

East Asians reached the area. According to Mair, this shows that the early development of Chinese civilization may have been more influenced by the West than has traditionally been believed.

(11) What is true about mummies?

1 They are often created for the purpose of preserving a certain culture.

2 Techniques for making them spread from ancient Egypt to other cultures.

3 Most have been found in the Taklamakan Desert area of China.

4 Some have been created naturally as a result of environmental conditions.

(12) What is surprising about the mummies found in the Xinjiang region of China?

1 They have skin that has changed dramatically over the years.

2 They had become mummies 3,000 years earlier than scientists originally thought.

3 Their appearance is different from people who currently live in the area.

4 Their clothes were too thick and heavy to be worn in a desert area.

(13) The National Geographic Society found that

   1 the ancestors of most Chinese people originally came from
   the Indus Valley.
   2 the DNA of the mummies had come from a number of
   places outside of China.
   3 many European-looking people have DNA that comes
   from China.
   4 most of the mummies were created in the Middle East and
   later moved to China.

(14) What does Victor Mair believe about the Taklamakan Desert
area?

   1 The first people to live there originally came from another
   place.
   2 The first civilization was developed 2,000 years ago by
   East Asians in the area.
   3 The Western people who moved there 5,000 years ago took
   the land from East Asians.
   4 The Chinese were responsible for developing its early
   culture.

(15) Which of the following statements is true?

   1 The National Geographic Society went to India and
   Pakistan to collect DNA from mummies.
   2 Cherchen Man is wearing clothes that are different from
   what would be expected.
   3 Mair says that Western civilization was influenced by
   Chinese civilization.
   4 Famous mummies from ancient Egypt were shown at an
   exhibition in China.

第1部　対話を聞き、その質問に対して最も適切なものを 1, 2, 3, 4 の中から一つ選びなさい。

No. 1

1 He was not able to go.

2 He caught a lot of fish.

3 He does not like fishing.

4 He enjoyed being with his father.

No. 2

1 To ask what time her appointment is.

2 To say she cannot come today.

3 To find out when it opens.

4 To talk to Dr. Clinton.

No. 3

1 It had too many words.

2 It is very important.

3 It is not very interesting.

4 It was written too quickly.

No. 4

1 Shop for a ski suit.

2 Go skiing with his wife.

3 Buy a jacket for himself.

4 Try a new winter sport.

| 第2部 | 英文を聞き、その質問に対して最も適切なものを 1, 2, 3, 4 の中から一つ選びなさい。 |

No. 5

1 Look at the car rental prices.
2 Ask for maps and directions.
3 Review the traffic and safety laws.
4 Show a staff member their driver's license.

No. 6

1 To wake her up in the morning.
2 To see if she is exercising enough.
3 To help her with a heart problem.
4 To go to appointments on time.

No. 7

1 To win a science award.
2 To promote space travel.
3 To show animals in nature.
4 To teach Americans about science.

No. 8

1 He did not enjoy going to school.
2 He did not have any books to read.
3 He believed education was important.
4 He lost a war against western Europe.

ミニ模試［解答・解説］

DAY 1

DAY 2

DAY 3

DAY 4

DAY 5

DAY 6

DAY 7

DAY 8

DAY 9

DAY 10

■ 正解一覧

筆記試験

1

(1)	(2)	(3)	(4)	(5)
3	1	4	3	2

(6)	(7)	(8)	(9)	(10)
4	4	4	2	1

2

(11)	(12)	(13)	(14)	(15)
4	3	2	1	2

リスニングテスト

1

No. 1	No. 2	No. 3	No. 4
4	2	2	1

2

No. 5	No. 6	No. 7	No. 8
4	2	4	3

■ 訳と解説

筆記 1 短文の語句空所補充

(1) 正解 **3**

訳　キャッスルビル高校は非常に厳しい学校だ。学生が規則に違反すれば、学校は直ちに両親に電話をかける。そうすると、普通は学生の行儀が良くなる。

1 遅らせる　　2 近づく　　3 違反する　　4 翻訳する

解説　a very strict school（非常に厳しい学校）の説明として、どんな時に生徒の親に連絡するのかを考える。すると、生徒がやってはいけないことをした時、具体的には a rule（規則）を破った時だろう。この文脈で break と同じ意味の 4 violates が正解。

(2) 正解 **1**

訳　自分のクラスが学校のプロジェクトで 1 位になれば賞がもらえると聞いて、生徒たちはもっと熱心に取り組み始めた。

1 熱意　　2 偶然　　3 起源　　4 警告

解説　a prize（賞）がもらえると聞いたら、より一生懸命に取り組むようになるのが当然だろう。意欲を表す単語として 1 enthusiasm が選べる。with enthusiasm で「熱心に、熱中して」の意味。

（3）　正解　4

訳　A：この車の数を見てよ、ゲーリー。明らかに会議には遅刻するわね。
B：マーフィーさんに電話して知らせよう。

　1　嫉妬して　　　2　奇妙にも　　　3　寛大に　　　4　明らかに

解説　車で移動中に電話で同僚か上司に連絡しようとしているが、be late for our meeting（会議に遅刻する）ということは交通状況から容易に判断できるはずで、確実性の高さを表すような単語を探せば良い。

（4）　正解　3

訳　ローレンス夫妻は、子どもの行儀が悪いのでレストランで食事を楽しむことができなかった。子どもたちは叫んだり互いに食べ物を投げつけていたりした。

　1　行進して　　　2　観察して　　　3　振舞って　　　4　承認して

解説　子どもたちの行動が問われているが、第2文で They were shouting and throwing food at each other（叫んだり互いに食べ物を投げつけていたりした）と具体的に説明されているので、behaving badly（行儀が悪い）とすると2つの文の意味が自然につながる。

（5）　正解　2

訳　新しい医療法案が数日間議会で議論されたが、結局政治家たちはそれについて合意できなかった。

　1　オーケストラ　　　　　　2　議会
　3　財団　　　　　　　　　　4　保育園

解説　The new healthcare law（新しい医療法案）が何日も話し合われるような場として、2 parliament が選べる。これなら politicians（政治家たち）という語とも相性が良い。

(6) **正解** 4

訳 A：アポイントを取っていませんが、すぐにジャスパーさんと話す必要があります。とても緊急に伝えないといけないことがあります。

B：分かりました。今すぐ彼女を探しに行きます。

1 相対的な　　2 寛大な　　3 残酷な　　4 緊急の

解説 話し手 A が I need to speak to Ms. Jasper immediately（すぐにジャスパーさんと話す必要があります）と述べているが、その理由を考える。immediately（すぐに）という語に注目して、a very urgent message（とても緊急に伝えないといけないこと）があるとすれば、文意が通る。

(7) **正解** 4

訳 ブラッドの車の調子が悪くなることが多いようだ。先月はシートベルトの1つが壊れ、それからクラクションが鳴らなくなった。昨日は車のバッテリーが切れた。

1 make　　2 keep　　3 do　　4 go

解説 第2文で one of the seatbelts broke（シートベルトの1つが壊れた）と the horn stopped working（クラクションが鳴らなくなった）と具体的な状況が説明されているので、ブラッドの車の調子が悪いのだと分かる。become（～になる）と同じ意味で、否定的な意味の形容詞を補語にとる go が正解。go wrong with ～で「～に不具合が生じる」

(8) **正解** 4

訳 混雑したスタジアムの写真はピントが合っていないので、人々の顔をはっきりと見るのが難しかった。

1 その瞬間に　　2 最好調で
3 要領を得た　　4 ピントが合っていない

解説 写真について、なぜ it was difficult to see the faces of the people clearly（人々の顔をはっきりと見るのが難しかった）のか考えると、4 out of focus が選べる。反対に、in focus で「ピントが合っている」の意味。

221

(9) 正解 2

訳 学校の運動会は雨にもかかわらず予定通りに開催された。ほとんどの行事は体育館の中で行われた。

　1 ～に沿って　　　　　　　　2 ～にもかかわらず
　3 ～について　　　　　　　　4 ～の価値がある

解説 The school's sports day took place as planned（学校の運動会は予定通りに開催された）ということと the rain（雨）の関係性を考えると、普通なら雨で中止になりそうなところだが変更なく行われた意外性を表す表現を選ぶのが良い。

(10) 正解 1

訳 デイヴィッドは以前とても大食いだったが、今では体重を減らすためにダイエットしている。彼は1日に 1,800 カロリーしか食べないようにしている。

　1 more　　　　2 less　　　　3 most　　　　4 least

解説 デイヴィッドは現在 on a diet to lose weight（体重を減らすためにダイエットしている）ということなので、食べる量を減らしているはずだ。肯定の意味で比較級の more は no と組み合わせると強い否定を表すので、これが正解。no more than ～は only ～と同義で「たった～だけ」の意味。

神秘的なミイラ

ミイラとは保存された死者の体のことだ。最も有名なミイラは古代エジプトのミイラだが、ミイラは他の多くの文化でも見られる。これらのミイラの一部は意図的に作られたものだ。しかし、偶然に作られたミイラもあり、通常は極端な乾燥によってできる。そのような天然のミイラがたくさん発見されている地域が、中国の新疆地域のタクラマカン砂漠だ。

砂漠気候では極端に乾燥しているため、こうしたミイラの保存状態は非常に良い。彼らの髪や皮膚や衣服は、3000 年以上前に亡くなったときとほとんど同じだ。しかし、それらのミイラには非常に驚くべき特徴がある。まるで全てヨーロッパのもののように見えるのだ。たとえば、新疆で発見された最も古いミイラの 1 つはインパン・マンとして知られている。彼は髪とひげがブロンドで、古代ギリシャで使われていたのと同じようなデスマスクをつけている。別のミイラのチェルチェン・マンは、身長が 6 フィートで、赤毛でその地域で通常着用されているものとは全く違った服を着ている。その代わりに、その服は古代ヨーロッパのケルト人が身に着けているものに似ている。

これらのヨーロッパ風の人々がどのようにして中国に行き着いたのかについては多くの説がある。しかしながら、DNA 検査技術の発展とともに、検査結果がより正確になってきている。2007 年、ナショナルジオグラフィック協会のチームが一連のミイラから DNA のサンプルを取り、それらの分析を始めた。彼らの最初の検査結果は、ミイラやその祖先はヨーロッパや中東、インドやパキスタンのインダス渓谷などの様々な場所からやって来たことを示唆した。

ペンシルベニア大学のビクター・メアー教授は長年にわたってミイラを研究してきた。彼はタクラマカン砂漠の最も初期の入植者は西洋人で、5000 年前にそこに移住したのだと信じている。東アジア人がこの地域にたどり着いたのは約 2000 年前になってからのことだった。メアーによると、このことは中国文明の初期の発展が従来信じられていたよりも西洋の影響を受けた可能性があることを示している。

（11）　正解　4

　　　訳　ミイラについて当てはまることは何か。

　　　　1 それらはしばしば特定の文化を保存する目的で作成されている。
　　　　2 それらを作る方法は古代エジプトから他の文化に広まった。
　　　　3 ほとんどが中国のタクラマカン砂漠地域で発見されている。
　　　　4 環境条件の結果として自然にできたものもある。

　　　解説　第1パラグラフで、ミイラの定義、ミイラの発見場所、人工的に作られたミイラについて言及されているが、第4文で There are other mummies ... that have been created by chance, usually through extreme dryness（偶然に作られたミイラもあり、通常は極端な乾燥によってできる）と書かれていて、4が内容的に一致する。

（12）　正解　3

　　　訳　中国の新疆地域で見つかったミイラについて驚くべきことは何か。

　　　　1 彼らは何年にもわたって劇的に変化した肌を持っている。
　　　　2 彼らは科学者が当初考えていたよりも3000年早くミイラになっていた。
　　　　3 彼らの外見は、現在その地域に住んでいる人々と異なる。
　　　　4 彼らの服は砂漠地帯で着るには分厚く重い。

　　　解説　中国の新疆地域で見つかったミイラについては第2パラグラフで説明されている。第3文で one very surprising characteristic（非常に驚くべき特徴）について they all look as though they came from Europe（まるで全てヨーロッパのもののように見えるのだ）とあり、パラグラフ後半で具体的に体の特徴や服装などが挙げられている。

(13)

訳　ナショナルジオグラフィック協会は…ということを突き止めた。

1　ほとんどの中国人の祖先はもともとインダス渓谷から来た。
2　ミイラの DNA は中国国外の様々な場所から来た。
3　たくさんのヨーロッパ風の人々が中国由来の DNA を持っている。
4　ミイラのほとんどは中東で作成され後に中国に移された。

解説　第3パラグラフ第3文で、ナショナルジオグラフィック協会がミイラの DNA を分析したとある。第4文では、その結果ミイラやその祖先の出身地が a variety of places – Europe, the Middle East, and the Indus Valley in India and Pakistan（ヨーロッパや中東、インドやパキスタンのインダス渓谷などの様々な場所）だったことが分かったと書かれている。

(14)

訳　ビクター・メアーはタクラマカン砂漠地域についてどのように考えているか。

1　そこに最初に住んでいた人々はもともと別の場所から来た。
2　最初の文明は 2000 年前にその地域の東アジア人によって発達した。
3　5000 年前にその地に移り住んだ西洋人は東アジア人から土地を奪った。
4　中国人がその地の初期の文化の発展に貢献した。

解説　メアーについて、第4パラグラフ第2文で the earliest settlers in the Taklamakan Desert were Western people who moved there 5,000 years ago（タクラマカン砂漠の最も初期の入植者は西洋人で、5000年前にそこに移住した）と信じているとある。続く第3文で東アジア人がやってきたのは 2000 年前とあるので、3は誤り。

(15) 正解 2

訳 次のうちどれが正しいか。

1 ナショナルジオグラフィック協会は、ミイラから DNA を収集するためにインドとパキスタンに行った。

2 チェルチェン・マンは予想されたものとは異なる衣服を着ている。

3 メアーは、西洋文明が中国文明の影響を受けたと言っている。

4 古代エジプトの有名なミイラが中国の展覧会で展示された。

解説 第 2 パラグラフ第 6 文でチェルチェン・マンについて wears clothes that are unlike anything usually worn in the area（その地域で通常着用されているものとは全く違った服を着ている）とあるので、2 が内容的に一致する。第 4 パラグラフ最終文で、中国文明が西洋の影響を受けた可能性が示唆されているので、3 は誤り。

No. 1

◀ 56

スクリプト

W: What are these pictures of, John?

M: They're from the fishing trip I took with my dad last summer. Here's one of us holding up some of the fish.

W: Wow! You caught some big ones.

M: Well, my dad did. I wasn't so lucky. I didn't catch any. But I still had a great time. It was nice to spend some time with my dad.

Question: What is one thing the boy says about the fishing trip?

訳

女性：ジョン、その写真はどうしたの？

男性：去年の夏にお父さんと一緒に行った釣り旅行の写真だよ。これは僕たちが魚を何匹か持ち上げてる写真の1枚だよ。

女性：うわー！ 大きいのを捕まえたのね。

男性：うーん、お父さんが釣ったんだけどね。僕はあまりついてなくて、一匹も釣れなかったんだ。それでもとても楽しかったよ。お父さんと一緒にいれたのは良かったね。

質問：釣り旅行について少年が言っていることは何か。

正解 4

選択肢の訳
1 彼は行けなかった。　　2 たくさんの魚を釣った。
3 釣りが好きではない。　　4 父親と一緒にいて楽しかった。

解説 釣り旅行について、少年は2回目の発言で It was nice to spend some time with my dad（お父さんと一緒にいれたのは良かった）と述べているので、4が正解。その前に I didn't catch any (fish)（一匹も釣れなかった）と言っているので、2は誤り。

227

No. 2

スクリプト **M:** Clinton Dental Clinic.

W: Hi. This is Gloria Carter. I'm sorry, but I'm not going to be able to make it to my appointment with Dr. Clinton today.

M: I see. Would you like to come in another day?

W: Yes, please. Wednesday would be best, if possible.

Question: Why is Gloria Carter calling the dental clinic?

訳 **男性：**クリントン歯科医院です。

女性：もしもし。グロリア・カーターです。申し訳ありませんが、今日はクリントン医師の診察を受けられなくなってしまいました。

男性：かしこまりました。それでは、別の日にいらっしゃいますか?

女性：ええ、お願いします。可能であれば、水曜日ですと一番都合が良いのですが。

質問：グロリア・カーターが歯科医院に電話しているのはなぜか。

正解 **2**

選択肢の訳 1 彼女の予定は何時か尋ねるため。

2 彼女が今日行けないと伝えるため。

3 営業時間を知るため。

4 クリントン医師と話すため。

解説 女性は電話口で名乗った後、I'm sorry, but I'm not going to be able to make it to my appointment with Dr. Clinton today（申し訳ありませんが、今日はクリントン医師の診察を受けられなくなってしまいました）と言っているので、素直に同じ内容の2を選ぶ。後半では、振替日を決めるためのやりとりが続く。

No. 3

◀58

スクリプト W: Jack, I need you to finish your story by the deadline. I want it in tomorrow's paper.

M: I just finished it 30 minutes ago. I've given it to the editors— they're checking it now.

W: Great. Well, I'll go see if I can get them to edit it quickly. This is going to be a big story, Jack.

M: Thanks. I hope so too, Mary.

Question: What does the woman suggest about the man's newspaper story?

訳 女性：ジャック、締め切りまでにあなたの記事を仕上げてもらう必要があります。明日の新聞に載せたいのです。

男性：さっき30分前に仕上げましたよ。編集者に渡して、今チェックしてもらっています。

女性：それは良かったわ。そうしたら、すぐに編集してもらえるかどうか見に行ってくるわ。これは大きな記事になるわよ、ジャック。

男性：ありがとうございます。私もそうなると良いと思っています、メアリーさん。

質問：女性は男性の新聞記事について何と示唆しているか。

正解 **2**

選択肢の訳 1 単語が多すぎた。　　　　　2 とても重要だ。
3 あまり面白くない。　　　　4 あまりにも急いで書かれていた。

解説 女性は冒頭で男性に締め切りを守るように急かしているが、原稿を仕上げて編集者に渡したとの男性の発言に対して安堵している。その後に This is going to be a big story（これは大きな記事になるわよ）と述べているので、言い換えとして 2 が最も適切だ。

No. 4

◀ 59

スクリプト W: This is Mountain Sports. May I help you?

M: Yes, do you sell ski suits?

W: Yes, we have a large choice of men's and women's skiwear. And right now, we're having a big sale on all equipment and clothing for winter sports.

M: Oh, that's great. My wife needs a new jacket, too. We'll come by later today.

Question: What will the man probably do later today?

訳 女性：こちらはマウンテンスポーツ用品店です。どのようなご用件でしょうか?

男性：ええと、スキーウェアはお取り扱いしてますか?

女性：はい、男性用と女性用のスキーウェアを豊富に取り揃えております。また、ちょうど今当店では全てのウィンタースポーツ用の装備や衣類の大セールを実施中です。

男性：ああ、それはすごいですね。妻も新しいジャケットが必要なんです。今日のちほど伺います。

質問：男性は今日これからおそらく何をするのか。

正解 **1**

選択肢の訳 1 スキーウェアを買う。　　2 妻とスキーに行く。

3 自分用にジャケットを買う。　　4 新しく冬のスポーツをやってみる。

解説 男性がスポーツ用品店にスキーウェアが買えるかどうか電話で問い合わせている。店員の説明の後、We'll come by later today（今日のちほど伺います）と述べているので、1 が正解。My wife needs a new jacket（妻は新しいジャケットが必要なんです）と言っているので、3 は誤り。

No. 5

◀60

スクリプト Welcome to California Car Rental. Please have your driver's license ready to show to our staff members. We won't be able to rent a car to you without seeing your license first. Also, please be aware of the local traffic and safety laws in California. There is a copy of the laws in each car. If you need directions to your destination, maps are available at the customer service counter.

Question: What is the first thing customers at California Car Rental must do?

訳 カリフォルニア・カーレンタルへようこそ。お客様の運転免許証を用意して従業員にご提示ください。最初に免許証を確認できなければ車をお貸しできません。また、カリフォルニア州の交通安全に関わる法律にもご留意願います。各自動車には法律のコピーがございます。目的地への道順案内が必要な場合は、カスタマーサービスカウンターに地図がございます。

質問：カリフォルニア・カーレンタルの客が最初にすべきことは何か。

正解 4

選択肢の訳 1 レンタカーの料金を見る。　2 地図と道順案内を求める。
3 交通安全の法律を確認する。　4 スタッフに運転免許証を見せる。

解説 レンタカー会社の案内で、最初に Please have your driver's license ready to show to our staff members（お客様の運転免許証を用意して従業員にご提示ください）と要請しているので、同じ内容の4が正解。その直後にも免許証を見せないとサービスが利用できないと述べている。

No. 6

◀ 61

スクリプト Recently, Marie has been worried about her health. She went to her doctor for advice, and he suggested she should exercise more. The next day, Marie bought a special watch so that she can measure how far she walks every day. The watch also measures how long she sleeps and how fast her heart beats. Now, she can make sure that she gets enough exercise every day.

Question: Why did Marie buy a special watch?

訳 最近、マリーは自分の健康について心配している。医者の診察を受けて助言を求めたところ、彼はもっと運動するように提案した。翌日、マリーは毎日どのくらいの距離を歩いたか測定できるように特別な時計を買った。時計は彼女の睡眠時間の長さと心拍数も測定する。今では、彼女は毎日十分な運動ができているかを確認することができる。

質問：なぜマリーは特別な時計を買ったのか。

正解 2

選択肢の訳 1 朝に起きるため。

2 十分な運動をしているかどうかを確認するため。

3 心臓の問題の対処に役立てるため。

4 予定通りに診察を受けに行くため。

解説 医者からもっと運動するように提案されて、次の日に a special watch（特別な時計）を買ったと述べられている。その目的について so that she can measure how far she walks every day（毎日どのくらいの距離を歩いたか測定できるように）とあるので、言い換えとして 2 が選べる。

232

No. 7

スクリプト　*Nova* is an American TV program that teaches people about science. It is based on a similar show from Britain, and it talks about many topics, such as nature and space. The person who made *Nova*, Michael Ambrosino, thought that Americans were not learning enough about science, so he wanted to make a TV program which made science interesting. The program is very successful and has won many awards.

Question: Why was the TV program *Nova* made?

訳　「ノヴァ」は人々に科学について教えるアメリカのテレビ番組だ。イギリスの同様の番組に基づいていて、自然や宇宙のような様々なトピックを取り上げる。「ノヴァ」の制作者マイケル・アンブロシーノは、アメリカ人は科学について十分に学んでいないと思い、科学を面白くするテレビ番組を作りたいと思ったのだ。このプログラムは大成功を収め、多くの賞を受賞している。

質問：テレビ番組「ノヴァ」はなぜ作られたのか。

正解　4

選択肢の訳　1　科学賞を受賞するため。
2　宇宙旅行を推し進めるため。
3　自然の中で動物を見せるため。
4　科学についてアメリカ人に教えるため。

解説　「ノヴァ」というアメリカのテレビ番組について大まかに説明した後で、制作者が Americans were not learning enough about science（アメリカ人は科学について十分に学んでいない）と考え、he wanted to make a TV program which made science interesting（科学を面白くするテレビ番組を作りたいと思った）と述べられている。これらのまとめとして 4 が適切。

233

No. 8

スクリプト There was a great king named Charlemagne in an area of Europe that now contains France and Germany. Although he could read, he was never able to write. However, Charlemagne cared a lot about education. During his time as king, Charlemagne won many wars and made the western part of Europe into one large kingdom. He created schools in his kingdom so that people could learn to read and write.

Question: What is one thing we learn about Charlemagne?

訳 現在のフランスとドイツを含むヨーロッパの地域にシャルルマーニュという名の偉大な王がいた。彼は文字を読むことができたが、書くことができなかった。しかし、シャルルマーニュは教育がとても重要だと考えていた。王としての期間に、シャルルマーニュは多くの戦争に勝利し西ヨーロッパを1つの大きな王国にまとめた。彼は人々が読み書きを学ぶことができるように自分の王国に学校を作った。

質問：私たちがシャルルマーニュについて分かることは何か。

正解 3

選択肢の訳
1 学校に行くのが楽しくなかった。
2 読む本を持っていなかった。
3 教育が重要だと信じていた。
4 西ヨーロッパとの戦争に負けた。

解説 シャルルマーニュについて Charlemagne cared a lot about education（シャルルマーニュは教育がとても重要だと考えていた）と述べられているので、3が正解。また、最後の文で彼が学校を作ったことに言及されていることからも裏付けが取れる。

DAY 9
ミニ模試

英作文

[目標解答時間：20分]

目標解答時間 〉**20分**

- 以下の TOPIC について、あなたの意見とその理由を2つ書きなさい。
- POINTS は理由を書く際の参考となる観点を示したものです。ただし、これら以外の観点から理由を書いてもかまいません。
- 語数の目安は 80 語〜 100 語です。
- 解答が TOPIC に示された問いの答えになっていない場合や、TOPIC からずれていると判断された場合は、0 点と採点されることがあります。TOPIC の内容をよく読んでから答えてください。

TOPIC
Some people say that people today should spend less time using the Internet. Do you agree with this opinion?

POINTS
- *Communication*
- *Education*
- *Health*

　　Day 3 と Day 6 の2回の演習を通じて、自分の力で解答する力がついてきたのではないでしょうか。今回で英作文の演習も最後ですから、総仕上げとして時間に余裕を持って解答できることを目指しましょう。トレーニング1の4つの Step で内容と構成に注意を払いながら解答を作成したら、「文法間違い探しトレーニング」と「頻出分野重要語句リスト」で文法と語いの強化に取り組みましょう。

MEMO

■ トレーニング1

いきなり英語で書き始めようとしても行き詰まってしまいます。4つの Step で着実に解答を作成していきましょう。高評価される解答にするには、問題の指示を確認しながら内容について考え、決まったパターンの英文を書くのが鉄則です。

Step 1 アイディアを書き出す

まず、ポイントごとに思いつくアイディアを書き出してみましょう。

トピックの訳

今日人々はインターネットを使う時間を減らすべきだという人たちがいる。あなたはこの意見に同意するか。

POINTS

• *Communication* コミュニケーション

_____

• *Education* 教育

_____

• *Health* 健康

_____

Step 1 の記入例

POINTS

• *Communication* コミュニケーション

インターネットでのコミュニケーション力はこれから必要である
_____

• *Education* 教育

これからの教育にはインターネットは欠かせない
_____

• *Health* 健康

目が悪くなる、体を動かさなくなる
_____

Step 2　構想を考える

　まず、**Step 1** で書き出したアイディアをもとに自分の立場を決めてから、その理由としてふさわしいアイディアを 2 つ選んでください。その上で、4 つの下線部の内容を具体的に記していきましょう。こうすることで解答の Introduction・Body・Conclusion（導入・本論・結論）の 3 部構成の形が出来上がります。

[導入]

（ 同意する／同意しない ）

2つの理由がある。

[本論]

理由1 _____

理由2 _____

[結論]

Step 2　の記入例

[導入]

（ 同意する／同意しない ）

インターネットを積極的に用いるべきである。

2つの理由がある。

[本論]

理由1　グローバル化の現代にインターネットは必要不可欠である。

理由2　教育にもすでに取り入れられていて、これからも増加するだろう。

[結論]

インターネット→すでに必要＋教育にも活用されている→より良く活用すべきである。

Step 2 の日本語の構想をもとに、英語で各文の内容を箇条書きにしましょう。

Introduction

① I (agree / disagree) with the opinion.

② ＿＿＿＿＿＿＿＿＿＿＿＿＿＿＿＿＿＿＿＿＿＿＿＿＿

③ I have two reasons for this claim.

Body

Reason 1: ① ＿＿＿＿＿＿＿＿＿＿＿＿＿＿＿＿＿＿＿＿＿

　　　　　② ＿＿＿＿＿＿＿＿＿＿＿＿＿＿＿＿＿＿＿＿＿

Reason 2: ① ＿＿＿＿＿＿＿＿＿＿＿＿＿＿＿＿＿＿＿＿＿

　　　　　② ＿＿＿＿＿＿＿＿＿＿＿＿＿＿＿＿＿＿＿＿＿

Conclusion

In conclusion, ① ＿＿＿＿＿＿＿＿＿＿＿＿＿＿＿＿＿＿＿

Step 3 の記入例

Introduction

① I (~~agree~~ / disagree) with the opinion.

② people should use the Internet more actively

③ I have two reasons for this claim.

Body

Reason 1: ① now globalization→ the Internet is more important

　　　　　② people couldn't live without the Internet

Reason 2: ① now the Internet is used in the field of education

　　　　　② not stop but make full use of the Internet

Conclusion

In conclusion, ① recognize the importance / use wisely in education

Step 4 解答を仕上げる

Step 3 で箇条書きだった内容を完全な英語の文にして解答を作成しましょう。

解答

_____

_____

_____

_____

_____

_____

_____

Step 4 の記入例

解答例

I disagree with the opinion. In this globalized world, people should use the Internet more actively. I have two reasons for this claim. First, now with the rapid globalization, the Internet is becoming more and more important. People could no longer do without it whatever they do. Second, with the Internet more common, it has been already used in the field of education and will be used more widely in the future. Thus, people should make full use of it in educating children. In conclusion, people should recognize the importance of the Internet and use it more positively.

(98 words)

解答例訳

私はその意見に同意しない。このグローバル化した世界で、人々はもっと積極的にインターネットを用いるべきだ。この主張には2つの理由がある。第1に、急速なグローバル化に伴い、インターネットはますます重要になってきている。もはや何をするにもそれなしにはすますことができない。第2に、インターネットがさらに普及しているので、教育の分野でもすでに用いられていて、将来はさらに広く用いられるだろう。それゆえ、子供を教育する際にも十分に利用すべきだ。結論として、人々はインターネットの重要性を認識し、もっと積極的に用いるべきだ。

　前コーナーでは、段階的英作文の解答を作成しました。ここでは Step 4 の解答例を使って和文英訳にチャレンジします。左ページの日本語文を見た瞬間に右ページの解答例の英文が書けるようになるまで何度も練習しましょう。文章を展開していく上でのヒントと表現の要点も挙げられていますので、参考にしてください。

導入

1 私はその意見に同意しない。

2 このグローバル化した世界で、人々はもっと積極的にインターネットを用いるべきだ。

3 この主張には2つの理由がある。

理由1

1 第1に、急速なグローバル化に伴い、インターネットはますます重要になってきている。

1 I disagree with the opinion.

<u>構成</u>　まず意見に賛成 (agree) か不賛成 (disagree) かをはっきり述べる。

<u>表現</u>　agree と disagree には前置詞 with を忘れずにつける。

2 In this globalized world, people should use the Internet more actively.

<u>構成</u>　より具体的に不賛成であることを説明する。

<u>表現</u>　should「～するべきだ」は弱い義務や助言を表す。

3 I have two reasons for this claim.

<u>構成</u>　理由を導入する文を書く。

<u>表現</u>　reason for ～「～の理由」。前置詞は for を用いる。

1 First, now with the rapid globalization, the Internet is becoming more and more important.

<u>構成</u>　まず重要性が増していることを述べる。

<u>表現</u>　with ～「～に伴い、つれて」、more and more ～「ますます～」。

2 もはや何をするにもそれなしにはすますことができない。

1 第2に、インターネットがさらに普及しているので、教育の分野でもすでに用いられていて、将来はさらに広く用いられるだろう。

2 それゆえ、子供を教育する際にも十分に利用すべきだ。

1 結論として、人々はインターネットの重要性を認識し、もっと積極的に用いるべきだ。

2 People could no longer do without it whatever they do.

> 構成 | 前文を受けてどれほど重要になっているかを具体的に述べる。

> 表現 | **without it**「それがなければ」が条件を表し、**could** は仮定法で使われている。**whatever S+V**「何をSがVしようとも」。

1 Second, with the Internet more common, it has been already used in the field of education and will be used more widely in the future.

> 構成 | 1つ目の理由を受け、教育にも使用が広がっていることを述べる。

> 表現 | **with** は付帯状況を表す。**with A B**「AがBで」。**has been already used**（現在完了形）で現在までのことを表す。

2 Thus, people should make full use of it in educating children.

> 構成 | 第1文を根拠にして教育にも使うべきだと述べる。

> 表現 | **thus**「それゆえ」。**make full use of** ~「~を十分に利用する」。**in** ~ **ing**「~する時に」。

1 In conclusion, people should recognize the importance of the Internet and use it more positively.

> 構成 | 2つの理由を踏まえて結論を簡潔にまとめる。**the importance of the Internet**「インターネットの重要性」で1つ目の理由を、**use it more positively**「それをもっと積極的に用いる」で2つ目の理由を指す。

> 表現 | **recognize**「認識する」。

文法間違い探しトレーニング4
［品詞、語順、文構造］

混同しやすい品詞、間違いやすい語順、そして見落しがちな並列構造を取り上げます。本番でミスをしないようにポイントを確認しましょう。

形容詞と副詞

31 Unfortunately, some passengers were bad injured in the crash.
残念ながら、その事故で何人かの乗客は重傷を負いました。

32 I'm in the building direct opposite the gas station.
私はガソリンスタンドの真正面にある建物に中にいますよ。

名詞と形容詞

33 I asked the secure guard to call a taxi for me.
私はその警備員にタクシーを一台呼ぶように頼んだ。

34 You have to try to keep activity as you get older.
年を取るにつれて活発に活動し続けるように心がけないといけません。

前置詞と接続詞

35 Express trains are still running although the storm.
暴風雨にもかかわらず急行電車はまだ運航しています。

36 I wanna go to the beach because of it's nice out.
外はすごくいい天気だからビーチに行きたいよ。

間接疑問文の語順

37 I wonder where will he take me to.
彼は私をどこへ連れて行ってくれるのかしら。

38 I don't know what size she takes shoes.
彼女が履く靴のサイズは知りません。

並列構造

39 It costs a fortune to feed and clothing six children.
六人の子供に食べ物と服をあてがうのには大金がかかる。

40 You'd better drive quickly yet safe.
急ぐとしても安全に運転しなさい。

31 正解 Unfortunately, some passengers were **badly** injured in the crash.
　　解説 動詞の過去分詞 injured を修飾するのは副詞の役割

32 正解 I'm in the building **directly** opposite the gas station.
　　解説 前置詞句 opposite the gas station を修飾できるのは副詞

33 正解 I asked the **security** guard to call a taxi for me.
　　解説 guard for security の短縮表現が複合名詞 security guard

34 正解 You have to try to keep **active** as you get older.
　　解説 keep ＋形容詞で「〜のままでいる」という意味

35 正解 Express trains are still running **despite** the storm.
　　解説 接続詞 although なら直後に SV が来るが、名詞の前は前置詞

36 正解 I wanna go to the beach **because** it's nice out.
　　解説 because of は前置詞で直後に名詞、because は接続詞で直後に SV

37 正解 I wonder **where** he will take me to.
　　解説 疑問詞＋ SV の語順で名詞節を作る

38 正解 I don't know **what size shoes** she takes.
　　解説 間接疑問になる前の文 What size shoes does she take? を踏まえる

39 正解 It costs a fortune to feed and **clothe** six children.
　　解説 動名詞 clothing を and で並列されている feed に合わせ不定詞にする

40 正解 You'd better drive quickly **yet** safely.
　　解説 等位接続詞 yet の前後で品詞を揃える

頻出分野別表現リスト5

英作文・二次試験で使える

[IT・ビジネス]

　情報技術や労働環境は現代社会において変化の大きなトピックです。出題される可能性が高いですので、関連表現をしっかり覚えておきましょう。

スマートフォン　*Smartphones*

□ スマート家電の普及 `長所`	the prevalence of smart appliances
□ カメラの代替品になる `長所`	provide a replacement for cameras
□ 高まるネット銀行の需要 `長所`	a growing need for online banking
□ スマホ中毒 `短所`	smart phone addiction
□ デジタルタトゥーの危険性 `短所`	a risk of digital tattoos

AI（人工知能）　*Artificial Intelligence*

□ 自動運転に不可欠な要素 `長所`	an integral part of self-driving cars
□ 正確な病状診断ができる `長所`	can make an accurate diagnosis
□ 人間の仕事を奪う `短所`	take over human jobs
□ 自律型致死兵器システム `短所`	Lethal Autonomous Weapons Systems
□ 制御不能になる `短所`	become uncontrollable

テレワーク　*Teleworking*

□ オフィス賃料を削減する `長所`	save the expense of a rental property
□ 感染リスクを低減する `長所`	reduce the risk of infection
□ 通勤は体力の無駄だ `長所`	Commuting is a waste of energy.
□ 生産性の低下につながる `短所`	lead to falling productivity
□ 勤務評価の難しさ `短所`	difficulty with performance reviews

育児休暇　*Child Care Leave*

□ 産休を取れない	be not eligible for maternity leave
□ 父親による育児休暇	paternity leave
□ 職場復帰の難しさ	difficulty in returning to work
□ 待機児童問題	nursery waiting lists
□ テレワークで促進される	be promoted by teleworking

DAY 10
ミニ模試

二次試験

二次試験 演習①

Ocean Life

Nowadays, various kinds of ocean life, such as fish and sea turtles, are facing serious problems caused by human beings. For example, some people throw things made of plastic into the sea. Some animals in the ocean eat such things by accident, and in this way they damage their health. People should remember that their actions can cause problems for ocean life.

Your story should begin with this sentence: One day, Mr. and Mrs. Suzuki were visiting the beach on their vacation.

　ミニ模試最後の Day 10 では二次試験の演習を 2 回行います。まずは、右ページの指示と質問を聞きながら自分の力で音読と質疑応答に取り組みましょう。次に、252 ページからの解答例を文字と音声の両方で確認してください。そして、音声を繰り返し聞きながら何度も音読して試験本番に備えましょう。

First, please read the passage silently for 20 seconds.
<20 seconds>
Now, please read the passage aloud.

Now, I'm going to ask you four questions.

No. 1 According to the passage, how do some animals in the ocean damage their health?

No. 2 Now, please look at the picture and describe the situation. You have 20 seconds to prepare. Your story should begin with the sentence on the card.
<20 seconds>
Please begin.

Now, please turn over the card and put it down.

No. 3 Some people say that keeping a pet can help people reduce their stress. What do you think about that?

No. 4 These days, some young people rent a house and live in it together. Do you think sharing a house will become more common in the future?
Yes. → Why?
No. → Why not?

■ 音読練習

音読は何と言ってもネイティブの読み上げ方を何度も繰り返し聞いて、それを自分で真似することが一番です。問題カードの英文を以下に再掲載しますが、区切れる箇所と特に強く読む語句を太字にしてあります。053 ページの手順に従って何度も練習しましょう。

Ocean Life

◀ 65 >>> 68

①**Nowadays**, / **various** kinds of **ocean life**, / such as **fish** and **sea turtles**, / are facing **serious problems** / caused by **human beings**. / ②For **example**, / some people **throw** things / made of **plastic** / into the **sea**. / ③Some **animals** in the ocean / **eat** such things / by **accident**, / and in **this way** / they **damage** their **health**. / ④People **should remember** / that their **actions** can cause **problems** / for **ocean life**.

解説

①意味上重要な語句をしっかり伝えよう。various は v の発音に注意。problems の pr の間に母音が入らないようにする。②具体例をはっきり言うことで説得力が増す。plastic と sea は文章全体に関わる重要な語句なので、そのつもりで強く発音しよう。③前置詞の発音を弱めにすることでリズムが出る。④ should は読者に動作を促すためにしっかり発音しよう。

問題カードの訳

海洋生物

近頃は、魚やウミガメのような様々な種類の海の生物が人間によって引き起こされた深刻な問題に直面している。例えば、プラスチックで作られた物を海中に投げる人たちがいる。海の中の一部の動物たちは意図せずにそのような物を食べる。このようにして健康を害する。人々は自分の行動が海洋の生物に問題を引き起こし得るということを覚えておくべきだ。

■ 質疑応答の例

　音読が終わると面接委員から4つの質問をされます。前半の2つは問題カードを見ながら答えますが、後半の2つではカードを見ないで自分の意見を述べることが求められます。まず、スクリプトで質問の内容や模範的な応答の分量を把握し、解説で解答の仕方を確認しましょう。次に、音声を繰り返し聞いてから、受験者の解答例が滑らかに口をついて出て来るまで音読をしてください。シミュレーションと口慣らしをしておくと自信につながります。

No. 1　　　　　　　　　　　　　　　　　　　　　　　◀ 69

Examiner: According to the passage, how do some animals in the ocean damage their health?

面接委員：本文によると、海の中の一部の動物たちはどのように健康を害しますか。

Examinee: By eating things made of plastic by accident.

受験者：偶然にプラスチックで作られた物を食べてしまうことによってです。

解説

まず何を答えなければならないかをしっかり把握しよう。質問の damage their life（健康を害する）に注目すると、第3文に同じ表現が見られる。その直前に in this way（このようにして）とあるが、さらに前の部分で具体的な内容を探す。すると eat such things by accident（意図せずにそのような物を食べる）とあり、さらに such things（そのようなもの）がその前文の things made of plastic（プラスチックで作られた物）だと分かる。こうした情報をまとめて解答する。

Examiner: Now, please look at the picture and describe the situation. You have 20 seconds to prepare. Your story should begin with the sentence on the card.
<20 seconds>
Please begin.

面接委員：次に、絵を見てその状況を説明してください。準備のために20秒間あります。
カードに書いてある文で話を始めてください。
<20秒>
それでは始めてください。

1 コマ目 ◀71

Examinee: One day, Mr. and Mrs. Suzuki were visiting the beach on their vacation. Mr. Suzuki said to his wife, "Let's take a boat tour today."

受験者：ある日、鈴木さん夫妻は休暇で海辺を訪れていました。鈴木さんは奥さんに、「今日は船に乗ろう」と言いました。

解説

まず、第1文とイラストの内容を確認しよう。人間関係を把握して簡潔、明快に描写する。ここでは男性が女性に話しかけているので、Mr. Suzuki said to his wife（鈴木さんが妻に言った）の後に、イラストに書かれている鈴木さんの発言 Let's take a boat tour today（今日は船に乗ろう）をそのまま続ければ良い。

2 コマ目

Examinee: Later that day, Mr. Suzuki was putting on his life jacket. Mrs. Suzuki was hoping to see some dolphins.

受験者：その日の後に、鈴木さんは自分の ライフジャケットを着ているところ でした。奥さんはイルカを見たいと 思っていました。

それぞれの登場人物に注目して、あわてずに 1 人ずつ説明しやすい方から描写しよう。男性はライフジャケットを着けている最中なので現在進行形を用いる。女性の方は hope や want などの動詞に続けて、考えている内容を説明する。

3 コマ目

◀73

Examinee: Two hours later, Mr. Suzuki was taking a picture of the sunset. Mrs. Suzuki was looking forward to putting the picture on the wall.

受験者：2 時間後に鈴木さんは夕暮れの写真 を撮っていました。奥さんはその写真 を壁にかけるのを楽しみにしていまし た。

男性が写真を撮っているので take a picture を進行形で表現する。何を撮っているのかも忘れずに言う。女性は何かを思い浮かべているが、その内容と女性の表情から楽しみにしているようなので look forward to ～（～を楽しみにする）を進行形にして表現する。

DAY 1　DAY 2　DAY 3　DAY 4　DAY 5　DAY 6　DAY 7　DAY 8　DAY 9　DAY 10

◀ 74

Examiner: Some people say that keeping a pet can help people reduce their stress. What do you think about that?

面接委員：ペットを飼うことは人々がストレスを減らすのに役立つと言っている人たちがいます。あなたはそのことについてどう思いますか。

Examinee A: I agree. People find it relaxing to spend time with their pets. For example, taking a dog for a walk can make people feel refreshed.

受験者 A：私は同意します。人々はペットと一緒に時間を過ごすとくつろげると感じます。例えば、犬を散歩に連れていくことは人々の気分をすっきりさせてくれます。

Examinee B: I disagree. Looking after a pet is a lot of work. Many pets need a lot of attention from their owners.

受験者 B：私は同意しません。ペットの世話をすることは大変な仕事です。多くのペットは飼い主の多くの世話を必要としています。

解説

質問の前に please turn over the card and put it down（問題カードを裏返して机の上に置いてください）という指示があるのでそれに従う。質問に対しては、まず agree（同意する）か disagree（同意しない）かをはっきり述べる。その後で「くつろげる」とか「大変な仕事である」などと1文で理由を説明しよう。それに続けて「散歩に連れていく」とか「多くの世話が必要」など、具体的な例をあげて説得力を持たせる。because（なぜなら）や for example（例えば）などの表現を使っても良いが、「主張→理由→具体例」の順番が守られていればなくても構わない。

No. 4

Examiner: These days, some young people rent a house and live in it together. Do you think sharing a house will become more common in the future?

面接委員：近頃は、家を借りてそこに一緒に暮らす若者たちがいます。あなたは、誰かと一緒に暮らすことは将来もっと広まると思いますか。

Examinee A: Yes. → Why?
It's much cheaper to share a house with others. Also, sharing a house is a good way for young people to make new friends.

受験者 A：はい。→なぜですか?
他の人と一緒に暮らすことはずっと安い費用ですみます。また、一緒に暮らすことは若い人たちが新しい友だちを作る良い方法でもあります。

Examinee B: No. → Why not?
I think many young people want to live alone. They don't have to worry about getting along with others.

受験者 B：いいえ。→なぜそう思わないのですか。
私は多くの若者は一人で暮らしたいと思っていると考えます。彼らは他の人と仲良くやっていく心配をしなくていいからです。

解説

最初に「費用が安くすむ」、「友だちができる」、あるいは「他人と仲良くできるか分からない」など、具体的で現実的な理由をシンプルな構造の文で述べよう。次に、Also（また）や In addition（さらに）などの接続表現を使って別な理由を追加する。あるいは、「一人で暮らしたい」などとざっくりした内容を先に述べてから、次に「仲良くする心配がいらない」というように 2 文目でより詳しく説明しても良い。

問題カード

Disappearing Languages

There are thousands of languages spoken around the world. These languages are important parts of cultures. In some places, however, there are languages that have fewer and fewer speakers. Now, some researchers are making recordings of such languages, and by doing so they are helping to protect cultures. It is hoped that these languages can be passed on to future generations.

- -

Your story should begin with this sentence: <u>One day, Mr. and Mrs. Suzuki were talking about their son, Yuta.</u>

　2回目の演習です。まずは、右ページの指示と質問を聞きながら自分の力で音読と質疑応答に取り組みましょう。次に、260ページからの解答例を文字と音声の両方で確認してください。そして、音声を繰り返し聞きながら何度も音読して試験本番に備えましょう。

First, please read the passage silently for 20 seconds.
<20 seconds>
Now, please read the passage aloud.

Now, I'm going to ask you four questions.

No. 1 According to the passage, how are some researchers helping to protect cultures?

No. 2 Now, please look at the picture and describe the situation. You have 20 seconds to prepare. Your story should begin with the sentence on the card.
<20 seconds>
Please begin.

Now, please turn over the card and put it down.

No. 3 Some people say that stores in Japan should give their workers foreign language training. What do you think about that?

No. 4 Nowadays in Japan, some people go to work by bicycle. Do you think the number of such people will increase in the future?
Yes. → Why?
No. → Why not?

■ 音読練習

　この演習でもネイティブの読み上げ方を何度も繰り返し聞いて真似しましょう。問題カードの英文を以下に再掲載しますが、区切れる箇所と特に強く読む語句を太字にしてあります。練習の手順を忘れてしまっていたら053ページで確認してください。

Disappearing Languages　　◀ 77 >>> 81

①There are **thousands** of **languages** / **spoken** around the **world**. / ②These **languages** are / **important** parts of **cultures**. / ③In some **places**, however, / there are **languages** / that have **fewer** and **fewer** speakers. / ④Now, some **researchers** are making **recordings** / of such **languages**, / and by **doing so** / they are **helping** / to **protect cultures**. / ⑤It is **hoped** / that these **languages** can be **passed on** / to **future generations**.

解説

① thousands の th は舌の位置に気をつけよう。spoken around the world は区切らず一まとまりで読む。② important と cultures は全体の中で重要な語句なのではっきりと発音する。③ fewer and fewer を特にしっかり発音する。④ recording の r は舌をしっかりと丸めて、protect は pr に母音が入らないことに注意。⑤ It is は弱く hoped だけ強く発音する。内容的に重要な passed on と future generations は一番しっかり伝わるようにする。

問題カードの訳

消滅する言語

世界には何千もの言語が話されている。これらの言語は文化の重要な部分である。しかし、ある地域では話す人がどんどん減っている言語がある。現在、ある研究者たちはそのような言語を録音している。そうすることによって、文化を守ることに役立っている。これらの言語が未来の世代に受け継がれていけることが望ましい。

■ 質疑応答の例

　音読の次は面接委員からの4つの質問に答えます。まず、スクリプトで質問の内容や模範的な応答の分量を把握し、解説で解答の仕方を確認しましょう。次に、音声を繰り返し聞いてから、受験者の解答例が滑らかに口をついて出て来るまで音読をしてください。シミュレーションと口慣らしをしておくと自信につながります。

No. 1
◀ 82

Examiner: According to the passage, how are some researchers helping to protect cultures?

面接委員：本文によると、ある研究者たちは文化を守るのにどのように役立っていますか。

Examinee: By making recordings of languages that have fewer and fewer speakers.

受験者：話す人がどんどん減っている言語を録音することによって。

解説

キーワードの researchers と protect cultures に注目すると、第4文に they（彼ら）= researchers（研究者たち）は by doing so（そうすることによって）、helping to protect cultures（文化を守ることに役立っている）とある。doing so の内容は直前の making recordings of such languages（そのような言語を録音している）ことで、さらに前文から such languages（そのような言語）は languages that have fewer and fewer speakers（話す人がどんどん減っている言語）を指していることが分かる。これらをまとめて一文で表現すれば解答できる。

No. 2

Examiner: Now, please look at the picture and describe the situation. You have 20 seconds to prepare. Your story should begin with the sentence on the card.
<20 seconds>
Please begin.

面接委員： 次に、絵を見てその状況を説明してください。準備のために 20 秒間あります。
カードに書いてある文で話を始めてください。
<20 秒 >
それでは始めてください。

1 コマ目

Examinee: One day, Mr. and Mrs. Suzuki were talking about their son, Yuta. Mrs. Suzuki said to her husband, "We should take Yuta to the library more often."

受験者： ある日、鈴木さん夫妻は彼らの息子の雄太について話しています。奥さんは旦那さんに、「私たちは雄太をもっと図書館に連れて行くべきよ」と言いました。

解説

どちらがどちらに話しているのか冷静にとらえて英語で表現しよう。発言を引用する時は said の後にイラストと 1 字 1 句全く同じ語句を引用すること。内容をまとめたり省略したりしないように注意する。細かい部分の描写は不要で、重要な部分だけを述べればよい。

2 コマ目

Examinee: Later at the library, Yuta was taking a book from the shelf. Mrs. Suzuki was thinking of borrowing the book.

受験者：後に図書館で、雄太は棚から本を取ろうとしていました。奥さんはその本を借りようと思っていました。

解説

Yuta の説明から始めるが、まだ借りる前の段階であることに注意。今の状況を見たまま表現しよう。Mrs. Suzuki（鈴木夫人、奥さん）は今後の動作を想像しているだけなので、thinking of borrowing（借りようと考えている）とか going to borrow（借りるつもりだ）と表現する。

3 コマ目

Examinee: That afternoon, Mr. Suzuki was reading the book to his son. Mrs. Suzuki was thinking of bringing some cake for them.

受験者：その日の午後、鈴木さんはその本を息子に読んであげていました。奥さんは彼らのためにケーキを持っていこうと考えていました。

解説

3 人の関係に注意して描写する。Mr. Suzuki（鈴木さん）はただ読んでいるのではなく子供に読み聞かせていることをしっかり表現する。Mrs. Suzuki（鈴木夫人、奥さん）については、ここでも「考えている」という表現を忘れずに加えよう。

No. 3

Examiner: Some people say that stores in Japan should give their workers foreign language training. What do you think about that?

面接委員： 日本の店は従業員に外国語の訓練を受けさせるべきだと言っている人たちがいます。あなたはそのことについてどう思いますか。

Examinee A: I agree. Many tourists from abroad now come to Japan. Workers have to be able to communicate with these tourists.

受験者A： 私は同意します。多くの旅行者が現在海外から日本に来ています。従業員はこうした旅行客とコミュニケーションがとれなければなりません。

Examinee B: I disagree. Many workers are too busy for such training. Also, stores can hire workers who already speak foreign languages.

受験者B： 私は同意しません。多くの従業員はそのような訓練を受けるには忙しすぎます。また、店は、すでに外国語を話せる従業員を雇うこともできます。

解説

質問の前に please turn over the card and put it down（問題カードを裏返して机の上に置いてください）という指示があるのでそれに従う。同意の場合、Many tourists（多くの旅行者）が日本に来ているだけでは理由として不十分なので、2文目で communicate with these tourists（こうした旅行客とコミュニケーションをとる）必要があるという説明を足そう。同意しない場合は、忙しいという点に焦点を絞りつつ2文目で補足する。

No. 4

◀88

Examiner: Nowadays in Japan, some people go to work by bicycle. Do you think the number of such people will increase in the future?

面接委員：日本では近頃、自転車で仕事に行く人たちがいます。あなたはそのような人たちの数が将来増えると思いますか。

Examinee A: Yes. → Why?
It's good exercise to ride a bicycle regularly. More people will pay attention to their health in the future.

受験者 A：はい。→なぜですか？
習慣的に自転車に乗ることは良い運動です。将来、健康に注意する人が増えるでしょう。

Examinee B: No. → Why not?
There are more trains and buses for people to use. It's more convenient than going to work by bicycle.

受験者 B：いいえ。→なぜそう思わないのですか。
人々が利用できる電車やバスが増えています。自転車で仕事に行くよりもそうした方が便利です。

解説

2文に分けてしっかりと理由を述べよう。同意なら自転車に乗ることが good exercise（良い運動）であることと pay attention to their health（自分の健康に注意する）人たちが増えることの2つの理由が挙げられる。同意しない場合は、trains and buses（電車とバス）を利用することを挙げてから2文目で補足説明する。比較の表現は便利なので普段から基本的な文を使えるようにしておこう。

ミニ模試［解答例］

DAY 1 DAY 2 DAY 3 DAY 4 DAY 5 DAY 6 DAY 7 DAY 8 DAY 9 DAY 10

重要表現集 4
［結論を示す］

　主に Conclusion（結論）で使う表現を紹介します。しっかり覚えて自分の議論をまとめられるようにしましょう。

結論を示す

□ 結論として	in conclusion
□ 要するに	in brief
□ 要するに	to sum up
□ 肝心な点は…ということだ	The point is, ...

要約する

□ 要約すれば、私の主張は…である	In summary, I believe ...
□ 要するに…	Basically, ...
□ すべてを考慮に入れれば…	All things considered, ...
□ 私の主な主張は…ということだ	My main thesis is that ...

一般化する

□ 一般的に言えば	generally speaking
□ たいていの場合 / 多くの場合	in most/many cases
□ …が〜する傾向がある	There's a tendency for ... to 〜
□ 概して	as a general rule

提案する

□ 私なら…ということを提案する	I would suggest that ...
□ …と言えるかもしれない	It could be argued that...
□ …ということを提案する	I propose that ...
□ 結論として…と提案する	In conclusion, I submit that ...

予測する

□ …ということを予想している	I predict that ...
□ おそらく…だろう	It is likely that ...
□ …ということが見込まれている	It is anticipated that ...
□ …は〜すると予想されている	... is forecast to 〜

英検2級
でる単語リスト500

このコーナーでは、ミニ模試の読解問題に登場した頻出単語約500語を、各DAYの各問題、各パラグラフごとにまとめてありますので、総仕上げとして取り組んでください。赤シートを使って意味が言えるようにするのが第一段階です。概ねできるようになったら、該当するDAYの問題文に戻り、英文を何度も読み込みましょう。

DAY 1

筆記試験 2　　　　　（→ 064 ページ）

第1パラグラフ

□ electric	形 電気の
□ improve	動 向上させる
□ quality	名 質
□ human	名 人間
□ however	副 しかし
□ artificial	形 人工的な
□ cause	動 引き起こす
□ a variety of	熟 様々な
□ health	名 健康
□ problem	名 問題
□ in particular	熟 特に
□ prevent ~ from V-ing	熟 ～がVするのを妨げる
□ properly	副 適切に
□ rhythm	名 リズム
□ such as	熟 （例えば）～のような
□ cycle	名 周期
□ control	動 制御する
□ awake	形 目覚めて
□ rather than	熟 ～ではなく
□ asleep	形 眠って

第2パラグラフ

□ moreover	副 さらに
□ increase	動 増加する
□ as a result	熟 その結果
□ issue	名 問題
□ frequently	副 頻繁に

□ the elderly	名 高齢者
□ researcher	名 研究者
□ create	動 立ち上げる
□ effect	名 影響
□ knowledge	名 知識
□ indoor	形 屋内の
□ lighting	名 照明
□ help ~ (to) V	熟 ～がVするのを助ける
□ senior	名 高齢者
□ throughout	前 ～を通して
□ match	動 合わせる

第3パラグラフ

□ furthermore	副 さらに
□ adjust	動 調整する
□ specific	形 特定の
□ sensor	名 センサー
□ clothing	名 服
□ detect	動 検出する
□ needs	名 ニーズ
□ heart rate	名 心拍数
□ decrease	動 減少する
□ allow ~ to V	熟 ～がVできるようにする
□ prepare for	熟 ～の準備をする
□ passenger	名 乗客
□ flight	名 フライト
□ therefore	副 それゆえ
□ beneficial	形 有益な

筆記試験 3　　(→ 066 ページ)

第 1 パラグラフ

□ coach	名 コーチ
□ hockey	名 ホッケー
□ hold	動 開催する
□ a number of	熟 いくつかの〜
□ event	名 イベント
□ raise	動 (お金を) 集める
□ equipment	名 用品
□ pay for	熟 〜の支払いをする
□ membership	名 会員であること
□ association	名 協会
□ currently	副 現在は
□ look for	熟 探す
□ volunteer	名 ボランティア
□ practice	名 練習
□ sign-up	名 登録

第 2 パラグラフ

□ T-shirt	名 T シャツ
□ sale	名 販売
□ area	名 エリア
□ put out	熟 掲載する

□ advertisement	名 広告
□ local	形 地元の
□ design	動 デザインする
□ show	動 表す
□ mascot	名 マスコット
□ agree to V	熟 V することに同意する
□ print	動 印刷する
□ discount	動 割り引く
□ price	名 価格

第 3 パラグラフ

□ need 〜 to V	熟 〜に V してもらう必要がある
□ set up	熟 設置する
□ as well as	熟 〜だけでなく
□ receive	動 受け取る
□ payment	名 代金
□ be interested in	熟 〜に興味がある
□ fill out	熟 記入する
□ ask 〜 to V	熟 〜に V するように頼む
□ deadline	名 締め切り
□ e-mail	動 電子メールを送る
□ give 〜 a call	熟 〜に電話する
□ sincerely	副 敬具

DAY 2

筆記試験 2　　(→ 088 ページ)

第 1 パラグラフ

□ chocolate	名 チョコレート
□ popular	形 人気のある

□ consume	動 消費する
□ recent	形 最近の
□ research	名 研究
□ show	動 明らかにする
□ effect	名 影響

□ contain 動 含む
□ ingredient 名 成分
□ such as 熟 (例えば) ～などの
□ fat 名 脂肪
□ harmful 形 有害な
□ mean 動 意味する
□ recently 副 最近
□ the United Kingdom 名 イギリス
□ come up with 熟 考案する
□ replace 動 代用する
□ affect 動 影響を与える
□ taste 名 味

第 2 パラグラフ

□ reason 名 理由
□ traditional 形 従来の
□ combine 動 結合させる
□ consist of 熟 ～からできている
□ separate 動 分離する
□ therefore 副 そのため
□ extra 形 余分な
□ add 動 加える
□ create 動 作り出す
□ smooth 形 滑らかな
□ feeling 名 感触
□ healthy 形 健康的な

第 3 パラグラフ

□ method 名 方法
□ convert A into B 熟 A を B に変える
□ tiny 形 小さな
□ bubble 名 泡
□ mix A with B 熟 A を B と混ぜ合わせる
□ in order to V 熟 V するために
□ hold ~ together 熟 結合させる
□ according to 熟 ～によると
□ up to 熟 (最大で) ～まで
□ percent 名 パーセント
□ maintain 動 維持する
□ so far 熟 これまでのところ

第 4 パラグラフ

□ -flavored 形 ～風味の
□ available 形 入手可能な
□ for some time 熟 少しの間
□ aim 名 目的
□ improve 動 改善する
□ flavor 名 風味
□ vitamin 名 ビタミン
□ purely 副 純粋に
□ continue to V 熟 V し続ける
□ be careful not to V 熟 V しないように注意する
□ however 副 しかし

DAY 4

筆記試験 2　　(→ 126 ページ)

第 1 パラグラフ

□ benefit	名	利点
□ touch	名	触れること
□ human	名	人間
□ sense	名	感覚
□ sight	名	視覚
□ hearing	名	聴覚
□ smell	名	嗅覚
□ taste	名	味覚
□ touch	名	触覚
□ tend to V	熟	V する傾向がある
□ some	形	中には～もいる
□ expert	名	専門家
□ necessary	形	必要な
□ communication	名	コミュニケーション
□ relationship	名	人間関係
□ surprising	形	驚くべき
□ actually	副	実際に
□ develop	動	発達させる
□ moreover	副	さらに
□ evidence	名	証拠
□ ability	名	能力
□ reduce	動	軽減する
□ anxiety	名	不安
□ heal	動	癒す

第 2 パラグラフ

□ researcher	名	研究者
□ name	動	名付ける
□ stress	名	ストレス
□ MRI machine	名	MRI 装置
□ examine	動	調べる
□ brain	名	脳
□ married	形	既婚の
□ receive	動	受ける
□ electric	形	電気の
□ shock	名	ショック
□ ankle	名	足首
□ area	名	領域
□ be related to	熟	～に関連する
□ active	形	活発な
□ however	副	しかし
□ touch	動	触れる
□ activity	名	活動
□ less	形	より少ない
□ stranger	名	見知らぬ人
□ lesser	形	(価値などが)より少ない
□ degree	名	程度

第 3 パラグラフ

□ effect	名	影響
□ massage	名	マッサージ
□ cause	動	引き起こす
□ decrease	名	減少
□ certain	形	特定の
□ chemical	名	化学物質
□ cause ~ to V	熟	～が V する原因となる
□ pain	名	痛み
□ for ~ reason	熟	～の理由で

□ particularly 　副 特に
□ helpful 　形 役立つ
□ suffer from 　熟 ～に苦しむ
□ frequent 　形 頻繁な
□ as a result of 　熟 ～の結果
□ autoimmune disorders 　名 自己免疫疾患
□ disease 　名 病気
□ attack 　動 攻撃する
□ in response to 　熟 ～を受けて
□ discovery 　名 発見
□ many more 　熟 ずっと多くの
□ treat 　動 治療する
□ mental 　形 精神の
□ physical 　形 身体の
□ problem 　名 問題

筆記試験3 （→ 128 ページ）

第1パラグラフ

□ staff 　名 従業員
□ date 　名 日付
□ subject 　名 件名
□ office 　名 事務所
□ repair 　名 修繕
□ inform 　動 知らせる
□ electrical 　形 電気の
□ for some time 　熟 しばらくの間
□ since 　接 ～以来
□ sales 　名 売り上げ
□ decide to V 　熟 Vしようと決める
□ profit 　名 収益
□ improvement 　名 改修

□ whole 　形 全体の

第2パラグラフ

□ company 　名 会社
□ at a time 　熟 一度に
□ during 　前 ～の期間に
□ construction 　名 工事
□ last 　動 続く
□ stair 　名 階段

第3パラグラフ

□ in addition 　熟 また
□ bathroom 　名 トイレ
□ floor 　名 階
□ fifth 　形 5番目の
□ parking lot 　名 駐車場
□ space 　名 スペース
□ equipment 　名 設備
□ park 　動 駐車する
□ manager 　名 管理主任
□ industry 　名 工業

DAY 5

筆記試験2   (→ 150 ページ)

第1パラグラフ

□ female	形 女性の
□ pioneer	名 先駆者
□ since	前 ～以来
□ invention	名 発明
□ famous for	熟 ～で有名な
□ computer science	名 コンピューター科学
□ even	副 ～でも
□ only	副 ～しかない
□ about	副 約～
□ percent	名 パーセント
□ related	形 ～関連の
□ field	名 分野
□ however	副 しかし
□ programmer	名 プログラマー
□ huge	形 多大な
□ contribution	名 貢献
□ development	名 開発
□ modern	形 現代の
□ largely	副 ほとんど
□ forget	動 忘れる

第2パラグラフ

□ during	前 ～の間
□ World War II	名 第二次世界大戦
□ fight	動 戦う
□ overseas	副 海外で
□ as a result	熟 その結果

□ need	動 必要とする
□ job	名 仕事
□ traditionally	副 伝統的に
□ for example	熟 例えば
□ army	名 軍
□ hire	動 雇う
□ math	名 数学
□ university	名 大学
□ understand	動 理解する
□ rocket	名 ロケット
□ bomb	名 爆弾
□ so	接 だから
□ ask ～ to V	熟 ～に V することを依頼する
□ calculation	名 計算
□ at first	熟 当初は
□ desk calculator	名 電卓
□ take	動 必要とする
□ complete	動 完了する

第3パラグラフ

□ reduce	動 短縮する
□ develop	動 開発する
□ special	形 特殊な
□ design	動 設計する
□ engineer	名 エンジニア
□ ～ enough to V	熟 V するほど～な
□ fill	動 いっぱいにする
□ whole	形 ～全体
□ program	動 プログラムする

□ choose	動 選ぶ
□ once	接 一旦〜すると
□ each	形 それぞれの

第 4 パラグラフ

□ although	接 〜だけれど
□ create	動 作成する
□ few	形 ほとんど〜ない
□ then	副 それから
□ research	動 調査する
□ came across	熟 偶然目にする
□ photo	名 写真

□ contribution	名 尽力
□ eventually	副 最終的には
□ documentary	名 ドキュメンタリー
□ finally	副 ようやく
□ recognize	動 認める
□ play a 〜 role	熟 〜な役割を果たす
□ development	名 発展
□ encourage 〜 to V	熟 〜を V するよう励ます
□ take up	熟 〜を選ぶ
□ career	名 キャリア

DAY 7

筆記試験 2　　(→ 188 ページ)

第 1 パラグラフ

□ mystery	名 謎
□ clear	形 晴れた
□ lucky	形 運が良い
□ 〜 enough to V	熟 V できるほど〜な
□ special	形 特殊な
□ cloud	名 雲
□ glow	動 輝く
□ darkness	名 暗闇
□ strange	形 奇妙な
□ rare	形 珍しい
□ event	名 出来事
□ noctilucent	形 夜光の
□ most	形 ほとんどの
□ surface	名 地表
□ usually	副 通常は

□ within	前 〜以内
□ in contrast	熟 対照的に
□ form	動 形成する
□ around	副 約〜
□ away	副 離れた
□ section	名 部分
□ mesosphere	名 中間圏
□ generally	副 一般的には
□ bright	形 明るい

第 2 パラグラフ

□ like	前 〜のように
□ normal	形 通常の
□ tiny	形 小さな
□ crystal	名 結晶
□ in order for 〜 to V	熟 〜が V するために
□ create	動 作り出す

☐ dust	名 塵
☐ stick to	熟 ～に付着する
☐ carry	動 運ぶ
☐ level	名 高さ
☐ atmosphere	名 大気

第3パラグラフ

☐ appear	動 登場する
☐ recent times	名 近年
☐ in fact	熟 実際
☐ record	動 記録する
☐ volcano	名 火山
☐ erupt	動 噴火する
☐ release	動 放出する
☐ huge amounts of	熟 大量の
☐ allow ～ to V	熟 ～が V するのを可能にする
☐ explain	動 説明する
☐ occur	動 発生する
☐ be related to	熟 ～に関連している
☐ global warming	名 地球温暖化
☐ for one thing	熟 1つの理由として
☐ the modern age	名 現代
☐ carbon dioxide	名 二酸化炭素
☐ gas	名 気体
☐ increase	動 増加する
☐ for another	熟 もう1つには
☐ frequent	形 頻繁な
☐ widespread	形 広範囲な
☐ temperature	名 気温

☐ rise	動 上がる

筆記試験 3 (→ 190 ページ)

第1パラグラフ

☐ price	名 値段
☐ all around the world	熟 世界中で
☐ rare	形 まれな
☐ movie	名 映画
☐ program	名 番組
☐ copyright	名 著作権
☐ belong to	熟 ～の所有である
☐ company	名 会社
☐ somebody	代 誰か
☐ charge	動 請求する
☐ reduce	動 減らす
☐ expense	名 出費
☐ director	名 ディレクター
☐ avoid V-ing	熟 V することを避ける

第2パラグラフ

☐ in reality	熟 実際には
☐ complicated	形 複雑な
☐ mean	動 意味する
☐ unclear	形 不明確な
☐ actually	副 実際に
☐ own	動 所有する
☐ originally	副 もともとは
☐ compose	動 作曲する
☐ greeting	名 あいさつ
☐ publishing company	名 出版社

第 3 パラグラフ

□ then	副 その後
□ decide to V	熟 V することに決める
□ carefully	副 慎重に
□ check	動 チェックする
□ see if	熟 〜かどうか確認する
□ amount	名 量
□ depending on	熟 〜によって
□ popular	形 人気がある
□ estimate	動 推定する
□ make	動 (お金を) 稼ぐ
□ million	名 百万
□ dollar	名 ドル
□ a	冠 〜につき

第 4 パラグラフ

□ filmmaker	名 映画製作会社
□ actually	副 実際には
□ take 〜 to court	熟 〜に訴訟を起こす
□ argue	動 主張する
□ evidence	名 証拠
□ claim to V	熟 V することを主張する
□ judge	名 裁判官
□ in charge of	熟 〜を担当している
□ case	名 訴訟
□ agree with	熟 〜に同意する
□ no longer	熟 もはや〜ない
□ freely	副 自由に
□ as a result	熟 その結果
□ probably	副 おそらく
□ common	形 一般的な

DAY 8

筆記試験 2　　　　　(→ 214 ページ)

第 1 パラグラフ

□ mysterious	形 神秘的な
□ mummy	名 ミイラ
□ preserve	動 保存する
□ ancient	形 古代の
□ Egypt	名 エジプト
□ culture	名 文化
□ as well	熟 〜も
□ create	動 作る
□ on purpose	熟 意図的に
□ by chance	熟 偶然に

□ usually	副 通常は
□ extreme	形 極端な
□ dryness	名 乾燥
□ area	名 地域
□ natural	形 天然の
□ desert	名 砂漠
□ region	名 地域

第 2 パラグラフ

□ climate	名 気候
□ mean	動 意味する
□ exceptionally	副 非常に
□ well	副 よく
□ skin	名 皮膚

□ clothes 名 衣服
□ almost 副 ほとんど
□ the same as 熟 ～と同じ
□ over 前 ～以上
□ surprising 形 驚くべき
□ characteristic 名 特徴
□ as though 熟 まるで～のように
□ discover 動 発見する
□ for example 熟 例えば
□ be known as 熟 ～として知られている
□ blond hair 名 金髪
□ beard 名 口髭
□ death mask 名 デスマスク
□ similar to 熟 ～に似た
□ Greece 名 ギリシャ
□ feet 名 フィート
□ unlike 前 ～と違って
□ anything 代 どんなものでも
□ instead 副 その代わりに
□ Celtic 形 ケルトの

第3パラグラフ

□ a number of 熟 多くの
□ theory 名 説
□ as to 熟 ～について
□ end up 熟 行き着く
□ development 名 発展
□ testing 名 検査
□ technique 名 技術
□ result 名 結果
□ accurate 形 正確な
□ geographic 形 地理の
□ society 名 協会

□ sample 名 サンプル
□ analyze 動 分析する
□ suggest 動 示唆する
□ ancestor 名 祖先
□ a variety of 熟 様々な
□ the Middle East 名 中東
□ valley 名 谷

第4パラグラフ

□ professor 名 教授
□ early 形 初期の
□ settler 名 入植者
□ Western 名 西洋の
□ move 動 移住する
□ Asian 名 アジア人
□ according to 熟 ～によると
□ show 動 示す
□ Chinese 形 中国の
□ civilization 名 文明
□ influence 動 影響を与える
□ traditionally 副 従来

監修者紹介

山田広之 (やまだ・ひろゆき)

神奈川県出身。英国エディンバラ大学での交換留学を経て、国際基督教大学教養学部を卒業。英国リーズ大学大学院に進学し、社会美術史専攻で修士号を取得。2004年よりトフルゼミナール講師として基礎英語から大学入試、TOEFL 対策までさまざまな授業を担当。監修に『TOEFL テスト速読速聴トレーニング [英検 2 級レベル]』『TOEFL テスト速読速聴トレーニング [英検準 2 級レベル]』『はじめて受ける TOEFL ITP テスト教本』『TOEFL ITP テストリーディング教本』『TOEFL ITP テストリスニング教本』『毎日ミニ模試英検 1 級』『毎日ミニ模試英検準 1 級』、共著書に『パーフェクト攻略 IELTS 総合対策』(全てテイエス企画) がある。

執筆協力： 谷合瑞輝
編集協力： 高橋清貴
デザイン・DTP： 清水裕久 (Pesco Paint)
DTP： 有限会社中央制作社
イラスト： 松本麻希
録音・編集： 株式会社ルーキー
ナレーター： Howard Colefield ／ Karen Haedrich

毎日ミニ模試 英検® 2 級

発行	2021 年 3 月 20 日　第 1 刷

監修者	山田広之
発行者	山内哲夫
企画・編集	トフルゼミナール英語教育研究所
発行所	テイエス企画株式会社
	〒 169-0075
	東京都新宿区高田馬場 1-30-5 千寿ビル 6F
	TEL　(03) 3207-7590
	E-mail　books@tseminar.co.jp
	URL　https://www.tofl.jp/books
印刷・製本	図書印刷株式会社